읽는 재미를 높인 초등 독해 적중영 프로그램!

바빠
독해
시리즈

바쁜
초등학생을 위한
빠른
독해

재미 있고
궁금해서
자꾸 읽고 싶어요!

4단계
초등 3~4학년

이지스에듀

영재 교육 선생님들의 선생님!
호사라 박사

분당 영재사랑(www.영재사랑.kr) 공동 대표
고려대학교 교육대학원 교수(전)
시도 교육청 영재교사연수 강사 역임

서울대학교 교육학과에서 학사와 석사 학위를, 버시니아 대학교(University of Virginia)에서 영재 교육학 박사 학위를 취득한 영재 교육 전문가이다. 미국 연방영재센터에서 영재 교사 연수 프로그램과 영재 교육 프로그램을 개발한 다음 귀국 후에는 한국교육개발원에서 '창의성 교육 프로그램'을, 한국교육학술정보원에서 'Creative Thinker' 프로그램을 개발했다. 또한 고려대학교 교육대학원과 각 시도교육청 산하 영재교육원 교사들을 위한 강의를 통해 한국영재교육 인력을 양성하고 있는 '선생님들의 선생님'이다.
분당에 영재사랑 교육연구소를 설립하여 유년기(6~13세) 영재들을 위한 논술, 수리, 탐구 프로그램을 직접 개발하여 수업을 진행하고 있다. 16년간의 지도 경험을 바탕으로 이번에는 모든 어린이를 위한 즐거운 독해 책을 고민하며 '바쁜 초등학생을 위한 빠른 독해' 시리즈를 출간했다.
저서로는 《7살 첫 국어 1. 받침 없는 교과서 낱말》, 《7살 첫 국어 2. 받침 있는 교과서 낱말》, 《바쁜 초등학생을 위한 빠른 맞춤법 1, 2》가 있다.

바쁜 초등학생을 위한 빠른 독해 4단계

초판 1쇄 발행 2022년 1월 10일
초판 4쇄 발행 2024년 7월 30일
지은이 분당 영재사랑 교육연구소, 호사라
발행인 이지연
펴낸곳 이지스퍼블리싱(주)
출판사 등록번호 제313-2010-123호
주소 서울시 마포구 잔다리로 109 이지스 빌딩 5층(우편번호 04003)
대표전화 02-325-1722　　　　　　　　팩스 02-326-1723
이지스퍼블리싱 홈페이지 www.easyspub.com　이지스에듀 카페 www.easysedu.co.kr
바빠 아지트 블로그 blog.naver.com/easyspub　인스타그램 @easys_edu
페이스북 www.facebook.com/easyspub2014 이메일 service@easyspub.co.kr

본부장 조은미　책임 편집 정지연, 박지연, 김현주, 이지혜　교정·교열 김아롬　문제 검수 전수민
디자인 정우영　삽화 김학수, 이민영　사진 제공 Shutterstock.com　전산 편집 트인글터　인쇄 JS프린팅
영업 및 문의 이주동, 김요한(support@easyspub.co.kr)　마케팅 라혜주　독자 지원 오경신, 박애림, 김수경

ISBN 979-11-6303-318-9 64710
ISBN 979-11-6303-275-5 (세트)
가격 9,800원

• **이지스에듀**는 이지스퍼블리싱의 교육 브랜드입니다.
　(이지스에듀는 아이들을 탈락시키지 않고 모두 목적지까지 데려가는 정신으로 책을 만듭니다!)

호 박사

안녕하세요! 저는 어린이들이 즐겁고 알차게 공부하는 방법을 16년째 연구하고 있는 호 박사예요. 여러분이 '바빠 독해' 1, 2, 3단계를 만났다면, 제가 이 책을 왜 쓰게 되었는지는 이미 알고 있을 거예요.

아! 1, 2, 3단계를 못 만났다고요? 그렇다면 제 꿈 이야기를 다시 들려 드릴게요.

어느 날 꿈 속에서 네 어린이의 대화를 엿듣게 되었어요.

나는 책 읽기가 싫어. 혼자 가만히 읽고 있으면 지겹고 심심해.

나는 글을 대충대충 읽어. 맞힐 수 있는 문제도 자꾸 틀려서 속상해.

나는 독해 책을 풀다가 포기했어. 자꾸 틀려서 혼나는 게 싫거든.

나는 독해 책이 재미없어서 풀다 말았어. 웃으면서 푸는 독해 책은 없을까?

이 꿈 이후로 저는 머리에 띠를 두르고 책을 쓰기 시작했어요. 심심하지 않고, 대충대충 읽는 습관을 고치고, 혼나지 않고, 웃으면서 즐겁게 공부할 수 있는 책을 상상하면서요.

1, 2단계가 저학년 친구들을 위한 것이었다면, 지금 여러분이 보고 있는 3, 4단계는 학교도 꽤 다녔고 공부법도 조금씩 익혀 가고 있지만, 실력을 더욱 확실하게 다지고 싶은 친구들을 위해 만들었답니다. 이 책이 여러분 마음에 꼭 들었으면 좋겠어요!

분당에 사는 '호박 사' 아니고 호 박사가.

☆ ☆ ☆
읽는 재미를 높인 초등 문해력 향상 프로그램
"재미있고 궁금해서 자꾸 읽고 싶은 독해 책이에요!"

한층 어려워진 3, 4학년 교과서 지문!
───────☆

많은 학부모님께서 3, 4학년 교과서를 받아 보시고, 급격한 난도 상승에 놀라셨을 겁니다. 단연 눈에 띄는 변화는 지문의 길이이며, 그다음으로는 어휘의 수준이지요. 이제 지문의 '글자'를 읽어도, 의미를 이해하지 못하는 일이 많아질 것입니다. '독해력', 이 세 글자가 절실해지는 이유이지요.

모든 공부의 기본! '독해력'
───────☆

'독해력'은 '글을 읽고 의미를 이해하는 능력'입니다. 문제 상황을 글로 제시하고 해결하도록 요구하는 학교 평가에서 높은 성취를 이루려면, '독해력'이 필수입니다. 독해력은 글을 읽고 끝내는 게 아니라, 글의 내용과 내가 기억하고 이해한 내용이 얼마나 일치하는지 적극적으로 확인하는 과정을 반복하면서 길러집니다. 이때 거치는 과정은 학생들의 발달 단계에 맞게 차별화해야 합니다.

3, 4학년 국어 읽기 영역 성취 기준에 딱 맞춘 책!
───────☆

3, 4학년 학생에게는 어떤 과정이 알맞을까요? 교육부가 제시한 초등 국어 성취 기준 중에서 독해력과 관련하여 3, 4학년 시기에 놓치지 말아야 할 것은 다음과 같습니다.

호 박사

읽기	1) 문단과 글의 중심 생각을 파악한다. 2) 글의 유형을 고려하여 대강의 내용을 간추린다. 3) 글에서 낱말의 의미나 생략된 내용을 짐작한다. 4) 글을 읽고 사실과 의견을 구별한다.
문법	1) 낱말과 낱말의 의미 관계를 파악한다. 2) 기본적인 문장의 짜임을 이해하고 사용한다.
문학	1) 시각이나 청각 등 감각적 표현에 주목하며 작품을 감상한다. 2) 인물(누가), 사건(무엇을, 왜, 어떻게), 배경(언제, 어디서)에 주목하며 작품을 이해한다. 3) 이야기의 흐름을 파악하여 이어질 내용을 상상하고 표현한다.

'바빠 독해'는 위 성취 기준에 기반을 둔 프로그램입니다. 어린이는 소리 내어 지문을 읽는 것으로 시작해서, 중심 생각을 파악하고 세부 내용을 확인한 뒤, 내용을 정리하는 과정을 반복하여 접하게 됩니다. 특히 지문의 빈칸에 들어갈 내용을 추론해 보며 더욱 적극적으로 독해력을 기를 수 있습니다.

3, 4학년이 직접 고른 재미있는 이야기들!

아무리 좋은 책이라도 책꽂이에 꽂혀만 있다면 무용지물이기에 저는 '어린이들의 관심'에서 책이 출발해야 한다고 생각했습니다. 그래서 3, 4학년 교과서를 펼치고 연관 주제를 뽑아 목록을 만든 뒤 3, 4학년 제자들에게 보여 주며 관심 가는 주제를 직접 골라 보라고 했습니다. "이것은 꼭 넣어 주세요, 저것은 절대 넣지 말아 주세요."라고 주문하던 아이들의 모습이 생생합니다.

'문해력'도 함께 길러요!

최근 '문해력'이 주목받고 있습니다. 문해력은 독해력에서 한 걸음 더 나아가 생각을 언어로 표현하는 능력까지 포괄하는 개념입니다. 우리는 글이라는 하나의 세계로 깊이 들어갈 때 이해도 잘하고, 자신만의 생각도 하게 됩니다. 그래서 저는 이 책에 어린이들이 자신을 대입해 볼 수 있는 친구들을 등장시켰습니다. 또래 친구인 '사랑이, 믿음이, 소망이, 엉뚱이' 그리고 귀여운 동물 친구인 '바빠독, 바쁘냥'에게 자신을 대입해 보면서 글 속으로 풍덩 빠져든다면 '문해력'도 함께 기를 수 있습니다.

초등 교과의 배경지식은 저절로!

이 책은 '속담 동화, 교과 과학, 생활문, 교과 사회'로 구성되어 있습니다. '국어', '사회', '과학' 교과와 연계된 글감을 넣었으니, 이 책을 읽기만 해도 학교 공부에 바로 도움이 될 것입니다.

우리 아이들이 '바빠 독해' 책으로 더 즐겁게 독해력, 문해력을 키우기를 진심으로 바랍니다!

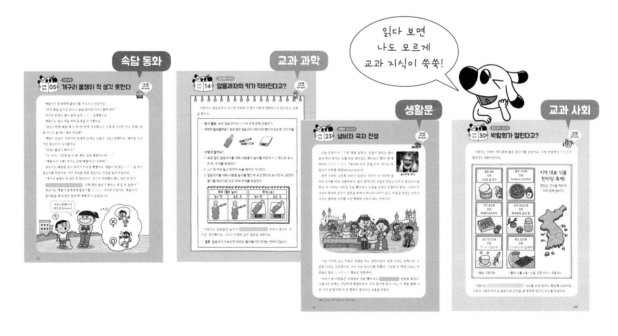

분당 영재사랑 교육연구소, 호사라 박사

이 책을 효과적으로 공부하는 방법

같이 읽어 볼까?

🔊 이 책은 반드시 소리 내어 읽는 것으로 시작하세요.
소리 내어 읽으면 내용을 상상하고 머릿속에서 정리 정돈하게 돼요.

1. 어휘력

낱말 뜻부터 알자!

낱말의 뜻을 생각하며 빈칸을 채워 보세요. 낱말의 뜻을 잘 모른 채 글을 읽으면 내용을 오해하게 돼요.

1 빈칸에 알맞은 말을 넣어 설명을 완성하세요.
어휘력

보기
걷는   공손히   꾸짖는

경어	상대방에게 [ ] 하는 말, 높임말.
산보	쉬기 위해서 또는 건강을 위해서 천천히 [ ] 일.
책망	상대방의 부족한 점이나 잘못을 [ ] 일.

2. 이해력

자세히 들여다보자!

'누가, 무엇을, 어떻게, 언제, 왜?'
읽은 글의 중심 내용을 떠올려 보세요.

2 [   ] 안에 들어갈 내용으로 알맞은 것에 O표 하세요.
이해력

❶ 어린이라는 말을 [처음으로 | 두 번째로] 만든 분이 방정환 선생이이에요.

❷ 방정환 선생님은 어린이에게 [함부로 | 보드랍게] 하여 주라고 제안했어요.

3. 추론 능력

빈칸의 내용을 추측해 보자!

앞뒤 흐름을 살펴보며 빈칸에 들어갈 내용을 추측해 보세요.

3 이야기를 생각하며 빈칸에 들어갈 내용을 고르세요. (   )
추론 능력

옛날에는
'어린이'라는 말이
[   ]

① 있었어요.
② 없었어요.

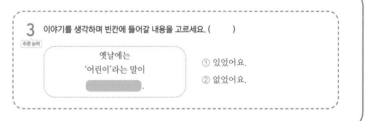

호 박사

이 책을 공부방이나 학원에서 지도하는 선생님께

이 책은 모두 4개 마당(32과), 각 마당마다 총 8과 + 복습 페이지로 구성되어 있습니다.
월요일 ~ 목요일은 하루에 두 과씩 풀고, 금요일은 복습 페이지를 푼 다음 마당별로 틀린
문제를 정리하게 하세요. 그러면 이 책을 4주에 완성할 수 있습니다.

4. 사고력

한 걸음 떨어져서 생각하자!

등장인물의 마음과 처지, 내용 사이의 관계를 생각해 보세요. 글을 읽은 뒤 바빠독과 바쁘냥처럼 자신의 생각을 말해 본다면 '문해력' 까지 기를 수 있어요.

4 제안하는 글을 쓰는 방법에 대해 바르게 말한 친구의 번호를 쓰세요. (　　　)
사고력

① 바빠독 말끝을 '~해라.'처럼 강요하듯이 해야 해.

② 바쁘냥 말끝을 '~하여 주시오.'처럼 부드럽게 해야 해.

5. 내용 정리

글의 짜임새를 되새기자!

중심 내용을 떠올리며 읽은 글의 짜임새를 저장하세요! 읽은 글의 내용을 4단계로 요약할 수 있다면 독해력의 90%는 완성된 거나 마찬가지예요!

글을 읽고 4단계로 요약하는 습관을 기르면 최고!

5 줄거리입니다. 빈칸에 들어갈 말을 골라 쓰세요.
내용 정리

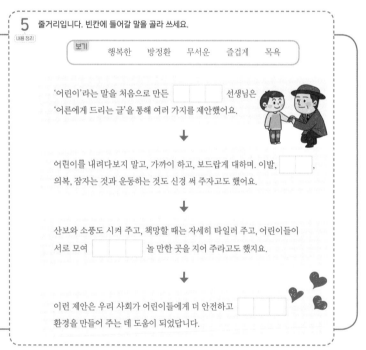

보기 　행복한　　방정환　　무서운　　즐겁게　　목욕

'어린이'라는 말을 처음으로 만든 [　　　] 선생님은 '어른에게 드리는 글'을 통해 여러 가지를 제안했어요.

↓

어린이를 내려다보지 말고, 가까이 하고, 보드랍게 대하며, 이발, [　　　], 의복, 잠자는 것과 운동하는 것도 신경 써 주자고도 했어요.

↓

산보와 소풍도 시켜 주고, 책망할 때는 자세히 타일러 주고, 어린이들이 서로 모여 [　　　] 놀 만한 곳을 지어 주라고도 했지요.

↓

이런 제안은 우리 사회가 어린이들에게 더 안전하고 [　　　] 환경을 만들어 주는 데 도움이 되었답니다.

6. 맞춤법

문법 실력도 기르자!

읽은 글에서 여러 가지 맞춤법과 띄어쓰기를 익혀 보세요. 글쓰기와 수행 평가에도 자신감이 생길 거예요!

6 빈칸에 들어갈 말을 골라 쓰세요.
맞춤법

☆ 시켜라 ／ 식혀라 ➡ 산보와 소풍을 가끔 가끔 [　　　].

☆ 시킨 ／ 식힌 ➡ 라면이 뜨거우니 충분히 [　　　] 뒤 먹어라.

※ 시키다: 다른 사람에게 어떤 일이나 행동을 하게 하다.
※ 식히다: 열을 없애다.

7

 차 례

바쁜 초등학생을 위한 빠른 독해 ④단계

📖 초등 교과 연계

첫째 마당 속담 동화		
01 고래 싸움에 새우 등 터진다	12	【국어 4-1 가】 1. 생각과 느낌을 나누어요
02 남의 떡이 더 커 보인다	15	
03 가는 말이 고와야 오는 말이 곱다	18	【국어 4-1 가】 3. 느낌을 살려 말해요
04 지렁이도 밟으면 꿈틀한다	21	
05 개구리 올챙이 적 생각 못 한다	24	【국어 4-1 나】 10. 인물의 마음을 알아봐요
06 모기 보고 칼 뺀다	27	
07 불난 집에 부채질한다	30	【국어 4-2 가】 4. 이야기 속 세상
08 등잔 밑이 어둡다	33	
● 첫째 마당 복습	36	

둘째 마당 교과 과학		
09 호박 화석이 있다고?	38	【과학 4-1】 2. 지층과 화석
10 3300년 전 완두콩에 싹이 텄다고?	41	【과학 4-1】 3. 식물의 한살이
11 몸무게가 줄어든다고?	44	【과학 4-1】 4. 물체의 무게
12 달에 30개의 바다가 있다고?	47	【과학 4-1】 수업 보완 자료_지구의 모습
13 가시가 아니라고?	50	【과학 4-2】 1. 식물의 생활
14 얼음과자의 키가 작아진다고?	53	【과학 4-2】 2. 물의 상태 변화
15 손 그림자놀이가 있다고?	56	【과학 4-2】 3. 그림자와 거울
16 돌로 된 할아버지와 부처님이 있다고?	59	【과학 4-2】 4. 화산과 지진
● 둘째 마당 복습	62	

친구들이 직접 고른
재미있는 이야기들!

학교 공부에도
도움이 되네!

셋째 마당 생활문			
17 수어로 희망을 전하다	64	【국어 4-1 가】 2. 내용을 간추려요
18 한자 병기가 공부에 도움이 될까?	67	【국어 4-1 가】 4. 일에 대한 의견
19 스마트폰을 슬기롭게 사용하려면?	70	【국어 4-1 나】 6. 회의를 해요
20 맨주먹 정신의 뜻	73	【국어 4-1 나】 7. 사전은 내 친구
21 어른에게 드리는 글	76	【국어 4-1 나】 8. 이런 제안 어때요
22 수염과 대통령	79	【국어 4-2 가】 2. 마음을 전하는 글을 써요
23 냄비와 국자 전쟁	82	【국어 4-2 나】 7. 독서 감상문을 써요
24 학교 급식에서 고기를 빼면?	85	【국어 4-2 나】 8. 생각하며 읽어요
● 셋째 마당 복습	88	

넷째 마당 교과 사회			
25 지도는 읽는 거라고?	90	【사회 4-1】 1. 지역의 위치와 특성
26 덕수궁을 지켜 낸 미국인이 있다고?	93	【사회 4-1】 2. 우리가 알아보는 지역의 역사
27 벽화 마을이 있다고?	96	【사회 4-1】 3. 지역의 공공 기관과 주민 참여
28 그래프로 사회를 알 수 있다고?	99	【사회 4-1】 4. 시대마다 다른 삶의 모습
29 도시와 촌락이 친구가 되었다고?	102	【사회 4-2】 1. 촌락과 도시의 생활 모습
30 박람회가 열린다고?	105	【사회 4-2】 2. 필요한 것의 생산과 교환
31 초콜릿 때문에 숲이 사라진다고?	108	【사회 4-2】 2. 필요한 것의 생산과 교환
32 김치 야구팀이 있다고?	111	【사회 4-2】 3. 사회 변화와 문화의 다양성
● 넷째 마당 복습	114	

 차 례

3단계 차례도 살펴보세요!

바쁜 초등학생을 위한 빠른 독해 ❸단계

📖 초등 교과 연계

첫째 마당 탈무드	01 다시 찾은 돈주머니 ①	【국어 3-1 나】 6. 일이 일어난 까닭
	02 다시 찾은 돈주머니 ②	【국어 3-1 나】 8. 의견이 있어요
	03 목숨을 살린 친절 ①	【국어 3-2 나】
	04 목숨을 살린 친절 ②	8. 글의 흐름을 생각해요
	05 세 가지 보물 ①	【국어 3-2 나】
	06 세 가지 보물 ②	9. 작품 속 인물이 되어
	07 수수께끼 유언 ①	【도덕 3】 3. 사랑이 가득한 우리 집
	08 수수께끼 유언 ②	【도덕 4】 3. 아름다운 사람이 되는 길
	• 첫째 마당 복습	
둘째 마당 교과 과학	09 손잡이에 비밀이 있다고?	【과학 3-1】 2. 물질의 성질
	10 앞다리로 맛을 본다고?	【과학 3-1】 3. 동물의 한살이
	11 자석은 쪼개도 자석이 된다고?	【과학 3-1】 4. 자석의 이용
	12 여자만과 곰소만이라고?	【과학 3-1】 5. 지구의 모습
	13 말의 발가락이 하나뿐인 이유는?	【과학 3-2】 2. 동물의 생활
	14 식물이 좋아하는 흙이 따로 있다고?	【과학 3-2】 3. 지표의 변화
	15 김은 기체가 아닌 액체라고?	【과학 3-2】 4. 물질의 상태
	16 들을 수 없는 소리가 있다고?	【과학 3-2】 5. 소리의 성질
	• 둘째 마당 복습	
셋째 마당 생활문	17 라면, 잘 먹겠습니다	【국어 3-1 가】 3. 알맞은 높임 표현
	18 내가 사과할게	【국어 3-1 가】 4. 내 마음을 편지에 담아
	19 황금의 나라	【국어 3-1 가】 5. 중요한 내용을 적어요
	20 알쏭달쏭한 낱말 뜻 찾기	【국어 3-1 나】 7. 반갑다, 국어사전
	21 하늘에서 떨어진 똥 덩어리	【국어 3-1 나】 8. 의견이 있어요
	22 대장 문장 찾기	【국어 3-2 가】 2. 중심 생각을 찾아요
	23 유리창떠들썩팔랑나비를 보고	【국어 3-2 나】 7. 글을 읽고 소개해요
	24 첫 연주회를 했다	【국어 3-2 나】 8. 글의 흐름을 생각해요
	• 셋째 마당 복습	
넷째 마당 교과 사회	25 하늘 위를 걷는다고?	【사회 3-1】 1. 우리 고장의 모습
	26 신라 시대에 천문대가 있었다고?	【사회 3-1】 2. 우리가 알아보는 고장 이야기
	27 풀로 종이를 만들었다고?	【사회 3-1】 3. 교통과 통신 수단의 변화
	28 사각형이 아닌 우표가 있다고?	【사회 3-1】 3. 교통과 통신 수단의 변화
	29 얼음으로 된 호텔이 있다고?	【사회 3-2】 1. 환경에 따라 다른 삶의 모습
	30 한여름에 산타라고?	【사회 3-2】 1. 환경에 따라 다른 삶의 모습
	31 수업료로 곡식을 낸다고?	【사회 3-2】 2. 시대마다 다른 삶의 모습
	32 무지개가 아름다운 이유는?	【사회 3-2】 3. 가족의 형태와 역할 변화
	• 넷째 마당 복습	

첫째 마당

속담 동화

속담은 예로부터 전해지는 조상들의 지혜가 담긴 짧은 문장이에요. 삶에 대한 교훈이나 조심해야 할 것을 알려 주는 내용을 담고 있지요. 이 책에서는 이야기를 통해서 교과서에 자주 등장하는 속담의 뜻과 쓰임새를 배우도록 구성했어요. 첫째 마당을 통해 지혜와 독해력을 기르는 여행의 첫걸음을 떼어 보세요.

공부할 내용!　　　　　　　　　　　　　　　　　　　　　　**공부한 날짜**

01	고래 싸움에 새우 등 터진다	월	일
02	남의 떡이 더 커 부인다	월	일
03	가는 말이 고와야 오는 말이 곱다	월	일
04	지렁이도 밟으면 꿈틀한다	월	일
05	개구리 올챙이 적 생각 못 한다	월	일
06	모기 보고 칼 뺀다	월	일
07	불난 집에 부채질한다	월	일
08	등잔 밑이 어둡다	월	일

속담 동화

고래 싸움에 새우 등 터진다

다음 글을
소리 내어
읽어 보세요.

월요일 오후, 비는 멈췄지만 여기저기 물웅덩이가 생겼어요.

태권도장으로 향하던 콩순이와 깨돌이는 저만치 말씨름하는 두 학생을 보았어요. 덩치가 큰 학생들이었지요. 깨돌이가 갑자기 호기심을 보였어요.

"콩순아, 무슨 일인지 가까이 가 보자."

콩순이는 단호하게 고개를 가로저었어요.

"안 돼. 고래 싸움에 새우 등 터진다는 속담이 있어."

"그게 무슨 뜻이야?"

"강한 사람들 싸움에 들어갈 내용을 추측해 보세요. 약한 사람들이 피해를 본다는 뜻이야."

↳ 3번 추론 능력 문제

"에이, 우리가 새우처럼 약한 건 아니잖아."

깨돌이는 두 사람에게 가까이 다가갔어요.

고래 티셔츠를 입은 학생이 고래고래 소리를 지르고 있었어요.

"난 너보다 힘이 훨씬 세다고! 수박도 번쩍 들 수 있어!"

그러자 돌고래 티셔츠를 입은 학생은 눈을 부릅뜨며 말했어요.

"내가 너보다 훨씬 힘이 세다니까! 한번 보여 줄까?"

그러고서는 물웅덩이로 들어가 발을 마구 굴렀어요. 그러자 엄청난 양의 물이 사방으로 튀었지요. 그 물을 피하지 못한 깨돌이는 도복이 젖은 채로 콩순이에게 돌아와서 울상을 지었어요.

"고래 싸움에 정말로 새우 등이 터졌어!"

1
어휘력

빈칸에 알맞은 말을 넣어 설명을 완성하세요.

보기

사납게   교훈   옷

속담	옛날부터 전해져 내려오는 [ ] 이 담긴 짧은 글.
부릅뜨다	무섭고 [ ] 눈을 크게 뜨다.
도복	태권도 등의 운동을 할 때 입는 [ ].

2
이해력

[ ] 안에 들어갈 내용으로 알맞은 것에 O표 하세요.

❶ 말씨름하는 두 학생을 보고 [콩순이 | 깨돌이] 가 가까이 가 보자고 했어요.

❷ 고래 티셔츠를 입은 학생이 [수박 | 호박] 도 번쩍 들 수 있다고 했어요.

3
추론 능력

이야기를 생각하며 빈칸에 들어갈 내용을 고르세요. (   )

"강한 사람들 싸움에
[   ] 약한
사람들이 피해를 본다는 뜻이야."

① 아무 상관없는

② 싸움을 일으킨

4
사고력

어떤 장면에 대한 생각인지 고르세요. (   )

혹시라도 피해를 볼까 봐
가까이 가기 싫다고
말하는 것 같아.

빠독이

① 고래 티셔츠 입은 학생이
고래고래 소리를 지르는 장면

② 콩순이가 단호하게 고개를
가로젓는 장면

13

내용 정리

5 줄거리입니다. 빈칸에 들어갈 말을 골라 쓰세요.

> 빈칸을 모두 채우면
> 낱말 중 1개가 남아요.

| 보기 | 상어 | 물웅덩이 | 새우 | 고래 | 태권도장 |

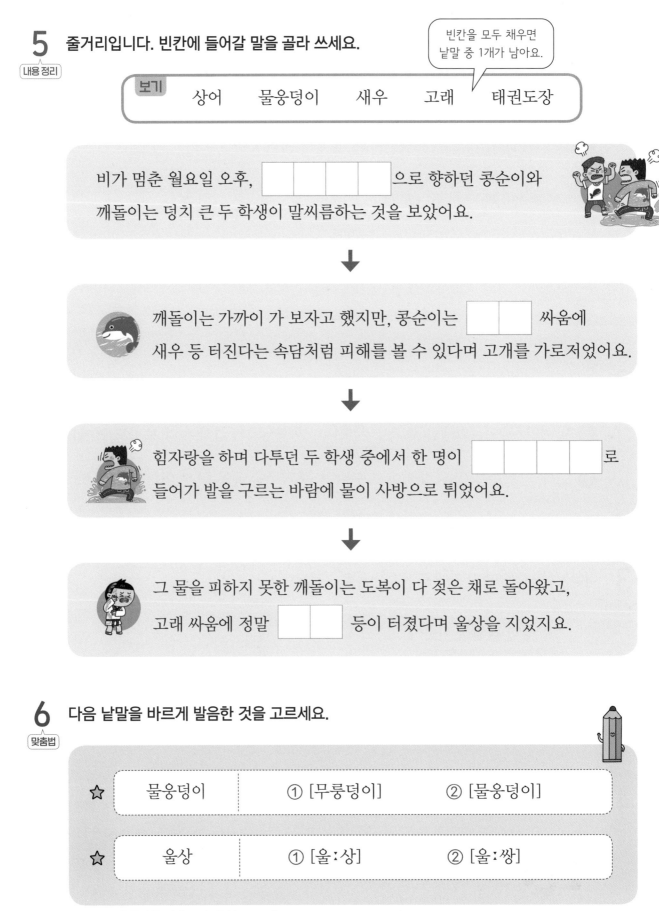

비가 멈춘 월요일 오후, ☐☐☐☐ 으로 향하던 콩순이와

깨돌이는 덩치 큰 두 학생이 말씨름하는 것을 보았어요.

↓

깨돌이는 가까이 가 보자고 했지만, 콩순이는 ☐☐ 싸움에

새우 등 터진다는 속담처럼 피해를 볼 수 있다며 고개를 가로저었어요.

↓

힘자랑을 하며 다투던 두 학생 중에서 한 명이 ☐☐☐☐ 로

들어가 발을 구르는 바람에 물이 사방으로 튀었어요.

↓

그 물을 피하지 못한 깨돌이는 도복이 다 젖은 채로 돌아왔고,

고래 싸움에 정말 ☐☐ 등이 터졌다며 울상을 지었지요.

맞춤법

6 다음 낱말을 바르게 발음한 것을 고르세요.

☆ | 물웅덩이 | ① [무룽덩이] | ② [물웅덩이]

☆ | 울상 | ① [울ː상] | ② [울ː쌍]

※ ː : 앞 글자를 길게 소리 낸다는 부호예요.

02 남의 떡이 더 커 보인다

다음 글을 소리 내어 읽어 보세요.

콩순이는 오늘도 깨돌이네 집에 놀러 갔어요. 깨돌이는 어제 사촌 동생의 돌잔치를 했다며 사진을 보여 주었어요.

깨돌이 어머니는 콩순이를 반갑게 맞이하며 돌잔치에서 받은 떡을 한 접시씩 나누어 주셨어요. 그런데 콩순이 접시를 힐끗 본 깨돌이 눈에는 콩순이 떡이 더 커 보였어요.

깨돌이는 다정한 목소리로 말했어요.

"친구야, 우리 접시를 바꾸지 않을래?"

별로 배가 고프지 않았던 콩순이는 시원스레 대답했어요.

"그래, 네 마음대로 해."

헤벌쭉 웃으며 접시를 바꾼 깨돌이는 콩순이 접시를 다시 보았어요.

'응? 아무래도 아까 받은 떡이 더 큰 것 같은데?'

깨돌이는 상냥한 목소리로 말했지요.

"예쁜 나의 친구야, 그냥 원래대로 하지 않을래?"

콩순이는 언짢았지만 다시 접시를 바꾸어 주었어요. 그런데 깨돌이는 또 다시 콩순이의 떡에서 눈을 떼지 못했어요. 그 모습을 본 콩순이는 신경이 쓰여 떡을 먹을 수가 없었어요.

콩순이는 ▩▩▩▩▩▩▩▩▩▩ 깨돌이를 보며 말했어요.

"남의 떡이 더 커 보인다더라. 그냥 너 혼자 다 먹어."

콩순이 떡이 더 커 보이는데?

1 빈칸에 알맞은 말을 넣어 설명을 완성하세요.

어휘력

보기

크게   답답   눈동자

힐끗	슬쩍 ⬚⬚⬚ 를 옆으로 굴리어 보는 모양.
시원스레	말과 행동이 ⬚⬚ 하지 않고 즐겁고 상쾌하게.
헤벌쭉	속이 다 보일만큼 입을 ⬚⬚ 벌린 모양.

2 ⬚ 안에 들어갈 내용으로 알맞은 것에 O표 하세요.

이해력

❶ 깨돌이 어머니는 [시장에서 사 온 | 돌잔치에서 받은] 떡을 주셨어요.

❷ 떡 접시를 바꾸자고 한 것은 [깨돌이 | 콩순이] 였어요.

3 이야기를 생각하며 빈칸에 들어갈 내용을 고르세요. (   )

추론 능력

> 콩순이는
> ▬▬▬▬▬▬
> 깨돌이를 보며 말했어요.

① 배가 고프다는 듯

② 그럴 줄 알았다는 듯

4 어떤 장면에 대한 생각인지 고르세요. (   )

사고력

> 자기 것에 만족하지 못하고
> 욕심을 부리고 있는 것 같아.

① 콩순이가 접시를 바꾸자는
   깨돌이에게 마음대로 하라는 장면

② 깨돌이가 콩순이 접시를 힐끗
   보는 장면

5 줄거리입니다. 빈칸에 들어갈 말을 골라 쓰세요.

내용 정리

보기

님 남 떡 커 돌

콩순이가 깨돌이 사촌 동생의 ☐ 잔치 사진을 보고 있을 때,
깨돌이 어머니께서 둘에게 떡 접시를 하나씩 주셨어요.

↓

그런데 콩순이 떡이 더 ☐ 보였던 깨돌이는 접시를 바꾸자고
말했고, 콩순이는 마음대로 하라고 대답했지요.

↓

그러자 처음 ☐ 이 더 커 보였던 깨돌이가 그냥 원래대로 하자고 말했고,
콩순이는 언짢았지만 다시 접시를 바꾸어 주었어요.

↓

콩순이는 ☐ 의 떡이 더 커 보인다더라고 말하며, 깨돌이에게
혼자 다 먹으라고 했지요.

6 다음 낱말을 바르게 발음한 것을 고르세요.

맞춤법

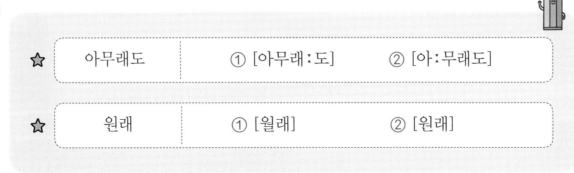

| ☆ | 아무래도 | ① [아무래:도] | ② [아:무래도] |

| ☆ | 원래 | ① [월래] | ② [원래] |

※ : : 앞 글자를 길게 소리 낸다는 부호예요.

가는 말이 고와야 오는 말이 곱다

다음 글을 소리 내어 읽어 보세요.

콩순이는 깨돌이에게 종이접기를 하자고 했어요. 신나게 이것저것 접다가 마지막 색종이 한 장이 남았을 때였어요.

　　　　　　　　　　　둘은 동시에 색종이를 잡았어요. 색종이는 그만 심하게 구겨지고 말았지요. 화가 난 콩순이가 목청을 높였어요.

"바보야! 색종이를 그렇게 구기면 어떡해!"

콩순이의 말에 깨돌이도 발끈했어요.

"못난이야! 네가 확 당겼잖아!"

그렇게 둘은 옥신각신 다퉜어요.

옆에서 그림책을 보던 콩순이 동생이 혀를 끌끌 차며 말했지요.

"쯧쯧, 가는 말이 고와야 오는 말이 곱지. 언니가 먼저 잘못했어!"

콩순이와 깨돌이의 얼굴이 빨개졌어요.

콩순이가 먼저 사과하며 '고운 말'을 했어요.

"미안해, 넌 사실 천재야."

그러자 깨돌이도 콩순이에게 사과하며 '고운 말'을 했어요.

"미안해, 넌 사실 미녀야."

콩순이 동생은 도저히 못 말린다는 듯 절레절레 고개를 흔들었어요.

쯧쯧, 가는 말이 고와야 오는 말이 곱지.

절레 절레

1 빈칸에 알맞은 말을 넣어 설명을 완성하세요.
어휘력

보기
못하게   화   소리

발끈하다 ┊ 사소한 일에 갑자기 [ ]를 내다.

끌끌 ┊ 혀끝을 입천장에 붙였다 떼며 내는 [ ][ ].
주로 마음에 들지 않았을 때 냄.

말리다 ┊ 다른 사람이 하고자 하는 어떤 행동을 [ ][ ] 하다.

2 [ ] 안에 들어갈 내용으로 알맞은 것에 O표 하세요.
이해력

❶ 콩순이와 깨돌이는 [첫 번째 ┊ 마지막] 색종이를 잡다가 다퉜어요.

❷ 콩순이 동생은 [콩순이 ┊ 깨돌이]가 먼저 잘못했다고 말했어요.

3 이야기를 생각하며 빈칸에 들어갈 내용을 고르세요. (   )
추론 능력

둘은 동시에
색종이를 잡았어요.

① 욕심이 난
② 양보하려던

4 다음 말과 어울리는 몸짓과 말투를 연결하세요.
사고력

말

"바보야! 색종이를
그렇게 구기면 어떡해!"

"미안해,
넌 사실 천재야."

몸짓과 말투

머리를 긁적이며
부드러운 말투

깨돌이에게 손가락질을
하며 흥분한 말투

5 줄거리입니다. 빈칸에 들어갈 말을 골라 쓰세요.

내용 정리

> 보기
>
> 미남   천재   가는   못난이   색종이

종이접기를 하던 콩순이와 깨돌이는 마지막 한 장 남은 [ ][ ] 를 그만 구기고 말았지요.

⬇

화가 난 콩순이는 깨돌이에게 바보라고 했고,
깨돌이도 콩순이에게 [ ][ ][ ] 라고 하며 다퉜지요.

⬇

콩순이 동생은 [ ][ ] 말이 고와야 오는 말이 곱다면서 콩순이가
먼저 잘못했다고 말했어요.

⬇

두 사람은 사과하며 서로에게 [ ][ ] 와 미녀라며 '고운 말'을 했고,
콩순이 동생은 둘의 모습에 절레절레 고개를 흔들었어요.

6 다음 낱말을 바르게 발음한 것을 고르세요.

맞춤법

☆	못난이	① [몬ː나니]	② [몯ː나니]
☆	옥신각신	① [옥신각신]	② [옥씬각씬]

※ ː : 앞 글자를 길게 소리 낸다는 부호예요.

20

지렁이도 밟으면 꿈틀한다

다음 글을
소리 내어
읽어 보세요.

깨돌이 형은 걸핏하면 깨돌이를 골렸고, 깨돌이는 덩치 큰 형에게 꼼짝없이 당하곤 했어요.

깨돌이네 부엌에서 깨돌이와 콩순이가 그림 숙제를 하고 있을 때였어요. 방에서 어슬렁어슬렁 나온 형이 깨돌이를 무시했어요.

"이게 뭐야? 색칠이 엉망이네!"

깨돌이는 화를 꾹 참았지요. 그런데 조금 뒤 형이 또 약을 올리는 거예요.

"너는 그림을 발가락으로 그렸니?"

깨돌이는 굳은 표정으로 입을 앙다물었지요.

사과를 한 입 베어 문 형이 이번에는 더 심한 말을 했어요.

"완전히 유치원생 그림 같네!"

결국 깨돌이가 주먹으로 식탁을 쿵! 치며 한마디 했어요.

"내 그림에 신경 꺼 줄래?"

콩순이도 용기를 내서 거들었지요.

"오빠! 지렁이도 밟으면 꿈틀해요. 아무리 약한 사람도 성을 낸다고요!"

두 사람의 공격에 깨돌이 형은 멈칫한 뒤 말했어요.

"미안! 내가 사과할게. 내 사과를 받아 줄래?"

형은 먹다만 사과를 깨돌이에게 건네준 뒤, 방으로 쏙 들어갔답니다.

1
어휘력

빈칸에 알맞은 말을 넣어 설명을 완성하세요.

보기: 툭하면   멈추다   다물다

걸핏하면	조금이라도 일이 있기만 하면 곧. ☐☐☐ .
앙다물다	힘을 주어 입을 꽉 ☐☐ .
멈칫하다	하던 행동이나 일을 갑자기 ☐☐ .

2
이해력

☐ 안에 들어갈 내용으로 알맞은 것에 O표 하세요.

❶ 깨돌이 형은 깨돌이의 그림이 [유치원생 | 대학생] 그림 같다고 놀렸어요.

❷ 형이 계속 놀리자 깨돌이는 [머리로 | 주먹으로] 식탁을 쳤어요.

3
추론능력

이야기를 생각하며 빈칸에 들어갈 내용을 고르세요. (　　　)

"오빠! 지렁이도 밟으면
꿈틀해요. 아무리 약한 사람도
▒▒▒▒▒▒
성을 낸다고요."

① 너무 무시하면
② 너무 칭찬하면

4
사고력

다음 말과 어울리는 말투를 연결하세요.

말

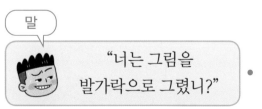
"너는 그림을
발가락으로 그렸니?"
·

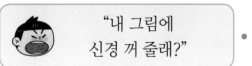
"내 그림에
신경 꺼 줄래?"
·

말투

· 화가 잔뜩 난 말투

· 살살 놀리는 말투

줄거리입니다. 빈칸에 들어갈 말을 골라 쓰세요.

> 보기
>
> 감자   지렁이   꼼짝없이   사과   발가락

깨돌이 형은 걸핏하면 깨돌이를 골렸고,

깨돌이는 덩치 큰 형에게 ☐☐☐ 당하곤 했어요.

↓

깨돌이와 콩순이가 그림 숙제를 하고 있을 때 형은 색칠이 엉망이다,

☐☐☐ 으로 그렸으니, 유치원생 그림 같다면서 깨돌이를 놀렸어요.

↓

결국 깨돌이는 한마디 했고, 콩순이는 ☐☐☐ 도

밟으면 꿈틀한다며 깨돌이를 거들었지요.

↓

멈칫한 깨돌이 형은 사과를 한다며 깨돌이에게

먹다만 ☐☐ 를 건네준 뒤, 방으로 들어갔답니다.

다음 낱말을 바르게 발음한 것을 고르세요.

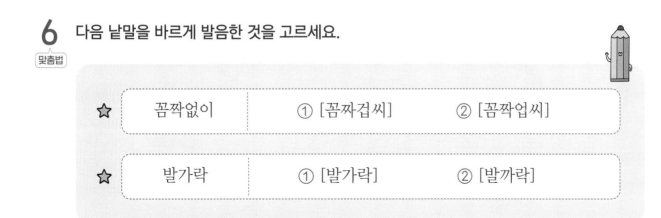

☆	꼼짝없이	① [꼼짜겁씨]	② [꼼짝업씨]
☆	발가락	① [발가락]	② [발까락]

 속담 동화

05 개구리 올챙이 적 생각 못 한다

다음 글을
소리 내어
읽어 보세요.

깨돌이가 동생에게 줄넘기를 가르치고 있었어요.

"먼저 줄을 앞으로 넘기고 슬슬 잡아당기다가 폴짝 뛰어!"

하지만 동생은 줄이 발에 걸려 번번이 실패했지요.

깨돌이는 잘난 척을 하며 동생을 무시했어요.

"콩순이한테 배울 때 난 한 번 만에 성공했다고. 이렇게 간단한 것도 못해? 물 좀 마시고 올 테니 계속 연습해!"

깨돌이가 사라지자 동생의 눈에는 눈물이 그렁그렁했어요. 때마침 지나가던 콩순이가 다가왔어요.

"안녕? 줄넘기 배우니?"

"어, 누나. 그런데 잘 안 돼. 형은 금방 배웠다는데……."

"깨돌이가 그래? 자기는 금방 배웠다고? 우하하!"

콩순이는 배꼽을 잡고 웃다가 쓰러질 뻔했어요. 깨돌이 동생은 토끼 눈을 하고 콩순이를 보았어요. 겨우 웃음을 멈춘 콩순이는 진실을 알려 주었어요.

"개구리 올챙이 적 생각 못 한다더니, 자기가 배울 때 생각은 못 하고 _____! 너희 형은 줄넘기 배우는 데 일 년이나 걸렸어."

콩순이는 깨돌이 동생에게 줄넘기를 차근차근 가르쳐 주었어요. 깨돌이가 돌아왔을 때 동생은 벌써 줄넘기를 백 개째 하고 있었답니다.

24

1 빈칸에 알맞은 말을 넣어 설명을 완성하세요.

어휘력

보기 | 순서   도끼   매번

번번이 ┊ [ ] , 할 때마다.

토끼 눈 ┊ 놀라서 [ ] 의 눈처럼 동그랗게 뜬 눈.

차근차근 ┊ 말이나 행동을 [ ] 에 따라 차분하게 하는 모양.

2 [ ] 안에 들어갈 내용으로 알맞은 것에 O표 하세요.

이해력

❶ 깨돌이가 동생에게 | 줄넘기 ┊ 줄타기 | 를 가르치고 있었어요.

❷ 줄넘기를 배울 때 한 번 만에 성공했다는 깨돌이의 말은 | 거짓 ┊ 진실 | 이에요.

3 이야기를 생각하며 빈칸에 들어갈 내용을 고르세요. (   )

추론 능력

자기가 배울 때
생각은 못 하고
[ ] !

① 아직도 자신이 없구나
② 잘난 척을 하는구나

4 깨돌이 동생의 마음을 제대로 짐작한 친구의 번호를 쓰세요. (   )

사고력

① 형에게 혼나고
줄넘기도 잘 안 돼서
속상하구나.

바빠독

② 줄넘기가 쉽고
지겨워서
하품을 했구나.

바쁘냥

5 줄거리입니다. 빈칸에 들어갈 말을 골라 쓰세요.

내용 정리

보기   백 개   배꼽   억 개   줄넘기   올챙이

깨돌이가 동생에게 □□□ 를 가르치는데 동생이 번번이 실패하자, 자신은 한 번 만에 성공했다면서 잘난 척을 했어요.

↓

깨돌이가 물을 마시러 간 사이에 온 콩순이는 형이 금방 배웠다고 들었다는 깨돌이 동생의 말에 □□을 잡고 웃었어요.

↓

콩순이는 개구리 □□□ 적 생각 못 한다면서 깨돌이가 줄넘기 배우는 데 일 년이 걸렸다는 진실을 말해 주었어요.

↓

콩순이는 깨돌이 동생에게 줄넘기를 차근차근 가르쳐 주었고, 깨돌이가 돌아왔을 때 동생은 벌써 □□째 하고 있었답니다.

6 다음 낱말을 바르게 발음한 것을 고르세요.

맞춤법

☆   줄넘기   ① [줄럼끼]   ② [줄넘끼]

☆   웃음   ① [우숨]   ② [우슴]

26

모기 보고 칼 뺀다

 다음 글을 소리 내어 읽어 보세요.

깨돌이와 콩순이는 거실에서 색종이와 달력으로 종이접기를 하고 있었어요. 깨돌이는 종이칼을, 콩순이는 개구리, 기린, 토끼 등을 접었지요.

깨돌이 동생은 옆에서 책을 보고 있었어요. 글자는 모르지만 그림만 보고도 이야기를 이해하는 똑똑한 꼬마랍니다.

그런데 갑자기 모기 한 마리가 나타났어요. 깨돌이는 호들갑을 떨었어요.

"콩순아, 걱정 마! 내가 해결할게."

깨돌이는 종이칼을 높이 치켜들고 외쳤어요.

"너는 이제 죽은 목숨이다!"

깨돌이는 종이칼을 휘두르며 모기를 졸래졸래 쫓아다녔어요. 그러다가 거실을 뒤죽박죽으로 만들고, 콩순이가 접어 놓은 종이 동물들까지 밟아서 망가트렸어요.

깨돌이 동생은 형을 한심하다는 듯 보았어요. 그러고는 신발장 옆에 걸려 있던 파리채를 들고 와서 모기가 벽에 붙자마자 '찰싹' 하고 잡았어요. 간단하게 해결한 것이지요.

"형! 이렇게 작은 일에 뭘 그렇게 흥분을 해?"

그제야 깨돌이는 ▓▓▓▓▓▓▓▓▓ 콩순이의 종이 동물을 보며 당황했어요. 한숨을 내쉰 콩순이는 찢기고 뭉개진 종이 동물들을 주섬주섬 주워 들며 말했어요.

"모기 보고 칼 뺀다더니……. 그게 꼭 너구나!"

모기 보고 칼 뺀다더니…….

1 빈칸에 알맞은 말을 넣어 설명을 완성하세요.

보기

| 주워 | 야단 | 올려 |

호들갑	조심성 없이 가볍고 ☐☐스러운 말과 행동.
치켜들다	위로 ☐☐ 들다.
주섬주섬	여기저기 널려 있는 물건을 ☐☐ 거두는 모양.

2 ☐ 안에 들어갈 내용으로 알맞은 것에 O표 하세요.

❶ 깨돌이 동생은 [글자만 | 그림만] 보고도 이야기를 이해하는 똑똑한 꼬마예요.

❷ 깨돌이는 [종이칼을 | 종이배를] 휘두르며 모기를 쫓아다녔어요.

3 이야기를 생각하며 빈칸에 들어갈 내용을 고르세요. (   )

> 그제야 깨돌이는
> ▬▬▬▬▬▬▬
> 콩순이의 종이 동물을 보며
> 당황했어요.

① 자신이 만들어 준
② 자신이 망가트린

4 깨돌이 동생의 생각을 알맞게 짐작한 친구의 번호를 쓰세요. (   )

① 작은 일에 쓸데없이 흥분하다니 한심하네.

바빠독

② 싸움을 저렇게 잘하다니 자랑스럽네.

바쁘냥

5 줄거리입니다. 빈칸에 들어갈 말을 골라 쓰세요.

내용 정리

> **보기**
>
> 발   파리채   칼   책   모기

색종이와 달력으로 깨돌이는 종이칼을, 콩순이는 여러 동물을 접었어요.
깨돌이 동생은 옆에서 ☐ 을 보고 있었지요.

↓

깨돌이가 ☐☐ 를 잡는다고 종이칼을 휘두르며 쫓아다니다가
콩순이의 종이 동물들을 밟아서 망가트리고 말았어요.

↓

동생은 ☐☐☐ 를 들고 와서 단숨에 모기를 잡았고, 그제야
깨돌이는 자신이 망가트린 콩순이의 종이 동물들을 보며 당황했어요.

↓

콩순이는 모기 보고 ☐ 뺀다더니 그게 바로 깨돌이라고 말하며,
망가진 종이 동물들을 주워 들었어요.

6 다음 낱말을 바르게 발음한 것을 고르세요.

맞춤법

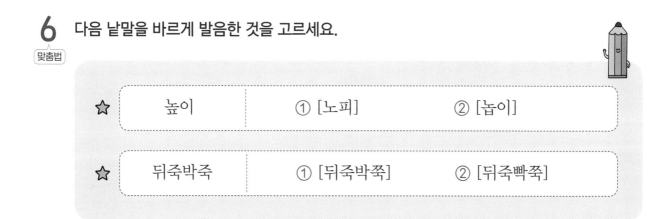

| ☆ | 높이 | ① [노피] | ② [놉이] |
| ☆ | 뒤죽박죽 | ① [뒤죽박쭉] | ② [뒤죽빡쭉] |

불난 집에 부채질한다

다음 글을 소리 내어 읽어 보세요.

현관문이 열리며 외출에서 돌아오신 어머니 목소리가 들렸어요.

"우리 왕자님들, 숙제 하느라 피곤하지요?"

그동안 놀기 바빴던 두 사람은 핑계를 대며 서로를 탓했어요.

"엄마! 얘가 하도 놀자고 졸라서 숙제를 못했어요."

"형이 먼저 놀자고 했잖아!"

둘의 입씨름을 지켜보던 어머니는 버럭 소리를 지르셨어요.

"둘 다 숙제를 끝낼 때까지 방에서 나오지 마!"

둘은 그렇게 거실에서 공부방으로 쫓겨났어요.

잠시 후 어머니는 결국 폭발하고 말았어요. 공부방에 들어간 형제가 하라는 숙제는 하지 않고 컴퓨터 게임에 푹 빠져 있는 걸 보신 거예요.

"이 녀석들!   !"

화가 머리 끝까지 난 어머니는 형제에게 일주일간 컴퓨터 게임 금지령을 내렸어요. 어머니가 잠시 부엌에서 일하는 사이에 형제는 앞집인 콩순이네 집으로 피신했어요. 이야기를 모두 들은 콩순이가 말했어요.

"너희가 불난 집에 부채질했구나!"

깨돌이 동생은 놀란 얼굴로 물었어요.

"형, 우리 집에 불났어?"

깨돌이는 시무룩한 표정으로 설명했지요.

"화난 엄마를 우리가 더 화나게 했다는 뜻이야."

불난 집에 부채질했구나!

1 빈칸에 알맞은 말을 넣어 설명을 완성하세요.

어휘력

보기

피해   원망   말

탓하다	어떤 일이 잘못된 까닭을 남에게 돌리며 ☐☐ 하다.
입씨름	서로 자기가 옳다며 ☐로 하는 싸움.
피신	위험을 ☐☐ 몸을 숨김.

2 ☐ 안에 들어갈 내용으로 알맞은 것에 O표 하세요.

이해력

❶ 공부방에 들어간 깨돌이와 동생은 ┃컴퓨터 게임 공부┃에 푹 빠져 있었어요.

❷ 화가 머리 끝까지 난 어머니는 ┃일주일 한 달┃간 게임 금지령을 내렸어요.

3 이야기를 생각하며 빈칸에 들어갈 내용을 고르세요. (   )

추론 능력

"이 녀석들!

░░░░░░░░░░░░░!"

① 숙제를 열심히 하는구나
② 아직도 정신을 못 차렸구나

4 벌어진 일과 장소를 알맞게 연결하세요.

사고력

일

콩순이가 깨돌이 형제에게
불난 집에 부채질했다고 함.

컴퓨터 게임에 푹 빠져 있던
깨돌이 형제가 어머니께 혼남.

깨돌이 형제가 숙제를
안 한 핑계로 서로를 탓함.

장소

깨돌이네 거실

깨돌이네 공부방

콩순이네 집

줄거리입니다. 빈칸에 들어갈 말을 골라 쓰세요.

> 보기   딸꾹질   금지령   핑계   부채질   숙제

어머니가 외출에서 돌아오시자 깨돌이와 깨돌이 동생은 서로를 탓하며 숙제를 못한 ☐☐ 를 댔어요.

↓

어머니는 ☐☐ 를 끝낼 때까지 방에서 나오지 말라고 소리를 지르셨고, 둘은 공부방으로 쫓겨났어요.

↓

잠시 후 컴퓨터 게임에 빠진 형제를 본 어머니는 일주일간 게임 ☐☐☐ 을 내리셨고, 어머니가 부엌에서 일하는 사이에 깨돌이 형제는 콩순이네 집으로 피신했어요.

↓

불난 집에 ☐☐☐ 했다는 콩순이의 말을 듣고 걱정하는 동생 에게 깨돌이는 화난 엄마를 더 화나게 했다는 뜻이라고 설명했지요.

6 맞춤법 **다음 낱말을 바르게 발음한 것을 고르세요.**

| ☆ | 폭발 | ① [폭발] | ② [폭빨] |

| ☆ | 너희 | ① [너히] | ② [너이] |

속담 동화

등잔 밑이 어둡다

다음 글을 소리 내어 읽어 보세요.

깨돌이와 콩순이는 콩순이 집에서 '궁둥이 탐정' 게임을 하기로 했어요.

'궁둥이 탐정'은 카드에 적힌 단서로 범인을 알아내는 게임이에요.

그런데 콩순이의 언니가 방문을 연 채로 공부를 하고 있었어요.

바로 '백점의 여왕'이라는 소문의 주인공이었지요.

슬금슬금   깨돌이에게 콩순이가 조용히 말했어요.

"우리 언니 공부에 방해되니까 그냥 내 방에서 놀자."

신나게 게임을 하다 보니 콩순이와 깨돌이는 목이 말랐어요. 둘은 우유를 마시기로 하고 깨금발을 한 채 부엌으로 향했지요. 그런데 콩순이 언니가 거실을 두리번거리고 있는 거예요. 두 사람을 본 콩순이 언니가 말했지요.

"혹시 깃털 달린 연필 못 봤니? 그게 있어야 공부가 술술 되는데."

콩순이가 창피하다는 듯이 모깃소리로 말했어요.

"언니 귀에 꽂혀 있잖아."

콩순이 언니는 귀를 더듬어 연필을 뺀 뒤 다시 공부를 시작했어요. 부엌에서 우유를 마시던 깨돌이는 콩순이에게 소곤거렸어요.

"등잔 밑이 어둡다더니……. 저 누나가 '백점의 여왕' 맞니?"

콩순이는 귀까지 빨개지며 아무 말도 하지 않았답니다.

1 빈칸에 알맞은 말을 넣어 설명을 완성하세요.

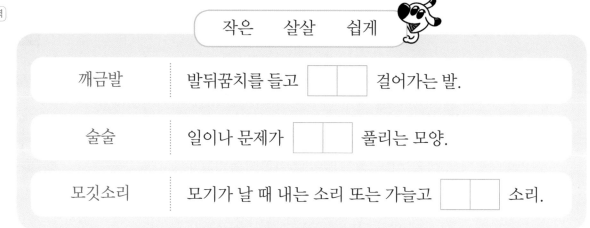

보기
작은   살살   쉽게

깨금발	발뒤꿈치를 들고 ☐☐ 걸어가는 발.
술술	일이나 문제가 ☐☐ 풀리는 모양.
모깃소리	모기가 날 때 내는 소리 또는 가늘고 ☐☐ 소리.

2 ☐ 안에 들어갈 내용으로 알맞은 것에 O표 하세요.

❶ 콩순이 언니는 ' 백점 ┊ 빵점 의 여왕'이라는 소문의 주인공이었어요.

❷ 깃털 달린 연필은 콩순이 언니의 코 ┊ 귀 에 꽂혀 있었어요.

3 이야기를 생각하며 빈칸에 들어갈 내용을 고르세요. (   )

슬금슬금 ▭▭▭▭▭
깨돌이에게 콩순이가
조용히 말했어요.

① 눈치를 보는

② 목소리를 높이는

4 벌어진 일과 장소를 알맞게 연결하세요.

일

장소

깨돌이와 콩순이가
'궁둥이 탐정' 게임을 함.   •   •   콩순이네 거실

깨돌이가 콩순이에게 누나가
'백점의 여왕'이 맞냐고 의심함.   •   •   콩순이 방

콩순이 언니가
두리번거리며 무언가를 찾음.   •   •   콩순이네 부엌

5 줄거리입니다. 빈칸에 들어갈 말을 골라 쓰세요.

내용 정리

> 보기
>
> 등잔   귀   탐정   찻잔   깃털

깨돌이와 콩순이는 '궁둥이 ☐☐' 게임을 하기로 했어요. 그런데 '백점의 여왕'으로 소문난 콩순이 언니가 방문을 연 채 공부를 하고 있었어요.

⬇

 그래서 둘은 콩순이 방에서 놀았지요. 잠깐 우유를 마시러 나온 둘에게 콩순이 언니가 ☐☐ 달린 연필을 못 봤냐고 물었어요.

⬇

콩순이가 언니 ☐ 에 꽂혀 있다고 말해 주자 언니는 귀를 더듬어 연필을 뺀 뒤 다시 공부를 시작했어요.

⬇

깨돌이는 ☐☐ 밑이 어둡다며 콩순이의 언니가 '백점의 여왕'이 맞는지 물었지만, 콩순이는 아무 말도 하지 않았답니다.

6 다음 낱말을 바르게 발음한 것을 고르세요.

맞춤법

☆	깃털	① [긷털]	② [기털]
☆	모깃소리	① [모ː기쏘리/모ː긷쏘리]	② [목이쏘ː리/목기쏘ː리]

※ ː : 앞 글자를 길게 소리 낸다는 부호예요.

1 속담과 뜻을 알맞게 연결하세요.

고래 싸움에 새우 등 터진다.	화난 사람을 더 화나게 한다.
개구리 올챙이 적 생각 못 한다.	강한 사람들 싸움에 약한 사람들이 피해를 본다.
모기 보고 칼 뺀다.	사소한 것에 크게 소란을 피운다.
불난 집에 부채질한다.	자기가 부족했던 때를 잊어버리고 잘난 척을 한다.

2 〈보기〉의 말을 낱말 판에서 찾아 묶어 보세요.

보기 힐끗   호들갑   깨금발   입씨름   모깃소리

퓨	위	뤼	히	깨	금	발
케	힐	끗	갸	꼿	듀	벼
호	츄	쿄	입	씨	름	튜
들	키	밑	야	히	츠	퍼
갑	뒤	모	깃	소	리	무

교과 과학

3~4학년 때 배우는 '과학'은 일상생활에서 꼭 알아야 할 과학 지식과 과학 탐구 능력을 기르는 과목이에요. 에너지, 물질, 생명, 지구 등 여러 분야를 배우지요. 그래서 둘째 마당에는 여러분이 '과학' 과목을 공부하는 데 직접 도움이 되는 글감을 담았어요. 글감은 '과학' 단원의 순서에 맞추어 구성했으니, '과학' 과목을 예습하거나 복습하는 데에도 도움이 될 거예요. 둘째 마당을 통해 독해력도 쑥쑥 기르고 과학 지식도 차곡차곡 쌓아 보세요.

공부할 내용! 공부한 날짜

09 호박 화석이 있다고?   월   일

10 3300년 전 완두콩에 싹이 텄다고?   월   일

11 몸무게가 줄어든다고?   월   일

12 달에 30개의 바다가 있다고?   월   일

13 가시가 아니라고?   월   일

14 얼음과자의 키가 작아진다고?   월   일

15 손 그림자놀이가 있다고?   월   일

16 돌로 된 할아버지와 부처님이 있다고?   월   일

호박 화석이 있다고?

다음 글을 소리 내어 읽어 보세요.

여러분은 '화석' 하면, 어떤 모습이 떠오르나요? 아마 암석에 동물 뼈나 식물의 잎맥 등이 남아 있는 모습일 거예요.

그런데 생물이 통째로 보존된 희한한 화석도 있답니다. 바로 호박 화석이지요.

▲ 식물의 잎맥 화석

여기서 말하는 '호박'은 호박전을 해 먹는 채소 '호박'이 아닌 보석의 한 종류예요. 호박은 나무에서 나온 끈적끈적한 수액이 땅속에 묻힌 뒤 딱딱하게 굳어서 만들어져요. 노란빛이나 주황빛이 도는 보석으로 반지나 목걸이 장식으로도 쓰여요. 호박 화석은 곤충이 나무 근처를 지나가다가 수액에 들러붙어 ⬚⬚⬚⬚⬚⬚⬚⬚⬚⬚ 그대로 화석이 된 것이에요. 그래서 개구리나 베짱이가 갇힌 호박이 발견되기도 했어요.

▼ 호박 화석

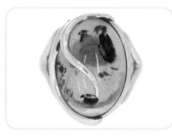

암석에 남은 화석은 뼈처럼 단단한 생물의 일부분만 보여 줘요. 그렇지만 호박 화석은 생물 전체를 보존하고 있어서 옛날 생물을 연구하는 데 귀중한 자료가 되어 준답니다.

1 빈칸에 알맞은 말을 넣어 설명을 완성하세요.

보기

돌   전체   놀랍고

통째	나누지 않은 덩어리 [ ][ ].
희한하다	흔하지 않고, [ ][ ], 신기하다.
보석	단단하고 반짝거려서 반지 등을 만들 때 쓰는 값비싼 [ ].

2 [ ] 안에 들어갈 내용으로 알맞은 것에 O표 하세요.

① 호박 화석의 '호박'은 [채소 | 보석]의 한 종류예요.

② 암석에 남은 화석은 뼈처럼 [부드러운 | 단단한] 생물의 일부분만 보여 줘요.

3 이야기를 생각하며 빈칸에 들어갈 내용을 고르세요. (   )

호박 화석은 곤충이 나무 근처를 지나가다가 수액에 들러붙어 _____ 그대로 화석이 된 것이에요.

① 빠져나온 뒤
② 빠져나오지 못하고

4 호박 화석을 보고 바르게 말한 친구의 번호를 쓰세요. (   )

① 개구리 몸의 일부분만 보존되어 있겠구나.

② 개구리 몸이 통째로 보존되어 있겠구나.

바빠독   바쁘냥

줄거리입니다. 빈칸에 들어갈 말을 골라 쓰세요.

보기   전체   냉동   암석   호박   수액

'화석' 하면 ☐☐ 에 동물과 식물의 일부가 남아 있는 모습이 떠오르지만, 호박 화석은 생물이 통째로 보존된 화석이에요.

⬇

나무에서 나온 ☐☐ 이 땅속에 묻힌 뒤 딱딱하게 굳어서 만들어진 호박은 노란빛이나 주황빛이 도는 보석의 한 종류예요.

⬇

개구리나 베짱이 등이 수액에 들러붙어 빠져나오지 못하고 그대로 화석이 된 것이 ☐☐ 화석이지요.

⬇

암석에 남은 화석과 달리 호박 화석은 생물 ☐☐ 를 보존하고 있어서 옛날 생물을 연구하는 데 귀중한 자료가 되어 준답니다.

6 **밑줄 친 부분을 바르게 띄어 쓰세요.**

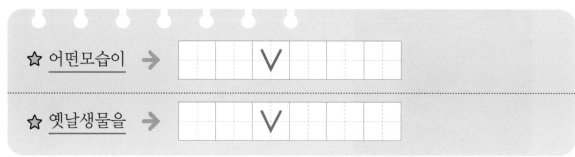

☆ <u>어떤모습이</u> → ☐☐☐ V ☐☐☐☐☐

☆ <u>옛날생물을</u> → ☐☐☐ V ☐☐☐☐☐

3300년 전 완두콩에 싹이 텄다고?

씨가 싹이 트려면 세 가지 조건이 필요해요. 적당한 양의 물과 온도 그리고 빛이지요. 아주 오래 전에 거둔 씨도 알맞은 조건이 만들어지면 싹이 트는 게 가능할까요?

국립수목원은 국가에서 운영하는 수목원으로 식물을 연구하고 전시하는 일을 해요. 2007년 국립수목원은 투탕카멘의 피라미드에서

▲ 이집트의 피라미드

나온 고대 완두콩의 싹을 틔우는 데 성공했어요. 무려 3300여 년 전의 씨랍니다.

피라미드에서 나온 씨에서 싹을 틔운 고대 완두콩의 꼬투리는 진한 보라색이에요. 요즘 기르는 완두콩 꼬투리는 초록색인 것과 비교되지요. 이후 그 완두콩은 '투탕카멘 완두콩'이라는 별명을 얻었어요.

▲ 피라미드에서 나온 완두콩의 꼬투리

▲ 요즘 기르는 완두콩의 꼬투리

그러면 어떻게 이런 일이 가능했을까요? 피라미드의 건조하고 밀폐된 환경이 　　　　　　　　　　　 도왔기 때문이에요. 오랜 세월 잠들었던 씨가 알맞은 조건을 만나 싹을 틔운 것이지요.

1 빈칸에 알맞은 말을 넣어 설명을 완성하세요.

어휘력

보기

닫음　　껍질　　필요

조건	어떤 일이 이루어지기 위해 [필요]한 조건이나 상태.
꼬투리	식물의 씨앗, 콩 등을 싸고 있는 [껍질].
밀폐	샐 틈이 없이 꼭 막거나 [닫음].

2 ☐ 안에 들어갈 내용으로 알맞은 것에 O표 하세요.

이해력

❶ 씨가 싹이 트려면 적당한 물과 온도 그리고 [빛 ｜ 바람]이 필요해요.

❷ 피라미드 완두콩의 꼬투리는 [초록색 ｜ 보라색]이에요.

3 이야기를 생각하며 빈칸에 들어갈 내용을 고르세요. (　　　)

추론 능력

피라미드의 건조하고 밀폐된
환경이 [   ]
도왔기 때문이에요.

① 씨가 빨리 썩어 죽도록
② 씨가 썩지 않고 살아 있도록

4 이 글을 읽고 바르게 말한 친구의 번호를 쓰세요. (　　　)

사고력

①
오래 된 씨앗이라도
알맞은 조건이 만들어지면
싹이 트는구나.

바빠독

②
오래 된 씨앗은 무슨 일이
있어도 싹이 틀 수 없구나.

바쁘냥

5 줄거리입니다. 빈칸에 들어갈 말을 골라 쓰세요.

내용 정리

보기   싹   씨   수목원   투덜투덜   투탕카멘

[ ]가 싹이 트려면 적당한 양의 물과 온도 그리고 빛 세 가지 조건이 필요해요.

⬇

식물을 연구하고 전시하는 일을 하는 국립 [ ][ ][ ]은 2007년 피라미드에서 나온 3300여 년 전 완두콩의 싹을 틔우는 데 성공했어요.

⬇

요즘 기르는 완두콩과 달리 꼬투리는 진한 보라색이에요. 이후 그 완두콩은 '[ ][ ][ ][ ] 완두콩'이라는 별명을 얻었어요.

⬇

피라미드의 건조하고 밀폐된 환경 덕분에 오랜 세월 잠들었던 씨가 알맞은 조건을 만나 [ ]을 틔운 것이지요.

6 밑줄 친 부분을 바르게 띄어 쓰세요.

맞춤법

☆ <u>세가지조건</u> → [   ]

☆ 싹을 <u>틔운것이지요.</u> → 싹을 [   ].

몸무게가 줄어든다고?

다음 글을 소리 내어 읽어 보세요.

몸무게가 60kg중(킬로그램중)[1]인 사람이 갑자기 10kg중이 될 수 있을까요? 아무리 운동을 열심히 하고 먹는 양을 조절해도 불가능할 거예요. 하지만 몸무게를 측정하는 장소를 바꾸면 가능하답니다.

지금부터 그 비밀을 알아보아요.

중력은 질량을 가진 물체들이 서로를 끌어당기는 힘이에요.[2] 즉, 중력은 두 물체의 관계로 결정이 돼요. 그래서 같은 물체가 달에서 받는 중력과 지구에서 받는 중력은 달라요.

무게는 어떤 물체가 받는 중력의 크기를 나타낸 것이에요. 물체는 그대로여도 장소가 바뀌어서 그 물체가 받는 중력이 바뀌면 무게도 변한답니다.

무게 = 중력의 크기

지구의 중력 > 달의 중력

지구 중력의 $\frac{1}{6}$ = 달의 중력

                 달의 중력은 지구 중력의 육분의 일에 불과해요. 그렇기 때문에 달에서 잰 여러분의 몸무게는 지구에서 잰 몸무게보다 훨씬 적게 나오는 거랍니다.

지구

60kg중

달

10kg중

1) 흔히 무게의 단위인 kg중(킬로그램중)을 kg(킬로그램)으로 줄여서 사용해요.
2) 지구 위의 물체가 지구로부터 받는 힘을 '중력', 물체 사이의 끌어당기는 힘을 '만유인력'으로 구별해서 사용할 때도 있지만, 넓은 의미로 만유인력과 중력은 같다고 볼 수 있어요.

1 빈칸에 알맞은 말을 넣어 설명을 완성하세요.

보기

맞춤   재는   그만큼

조절   　적당하게 양이나 크기 등을 [　][　].

측정   　어떤 양을 기준으로 무게, 길이 등을 [　][　] 것.

불과하다   [　][　][　]이다, 그 수준을 넘지 못하다.

2 [　] 안에 들어갈 내용으로 알맞은 것에 O표 하세요.

❶ 중력은 질량을 가진 물체들이 서로를 [밀어내는 | 끌어당기는] 힘이에요.

❷ 달에서 잰 몸무게는 지구에서 잰 몸무게보다 [적게 | 많이] 나와요.

3 이야기를 생각하며 빈칸에 들어갈 내용을 고르세요. (　　　)

달의 중력은 지구 중력의
육분의 일에 불과해요.

① 달은 지구보다 크기 때문에
② 달은 지구보다 작기 때문에

4 지구에서 측정한 수박의 무게입니다. 달에서 재면 얼마가 될까요? (　　　)

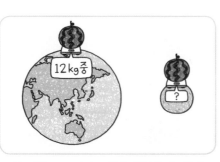

① 2kg중
② 120kg중

* 나누기를 모르더라도 답을 짐작할 수 있어요. 무게가 줄어야 하는지, 늘어야 하는지를 생각해 보세요.

5 줄거리입니다. 빈칸에 들어갈 말을 골라 쓰세요.

> 보기
>
> 크게   적게   장소   측정   중력

운동을 하거나 먹는 양의 조절로 몸무게가 60kg중에서 10kg중이 될 수는 없지만, 몸무게를 ☐☐ 하는 장소를 바꾸면 가능해요.

⬇

☐☐은 질량을 가진 물체들이 서로를 끌어당기는 힘이며, 같은 물체가 달에서 받는 중력과 지구에서 받는 중력은 달라요.

⬇

중력의 크기를 나타낸 것이 무게예요. 물체는 그대로여도 ☐☐가 바뀌어서 받는 중력이 바뀌면 무게도 변한답니다.

⬇

달의 중력은 지구 중력보다 작기 때문에 달에서 잰 몸무게는 지구에서 잰 몸무게보다 ☐☐ 나오는 거랍니다.

6 밑줄 친 부분을 바르게 띄어 쓰세요.

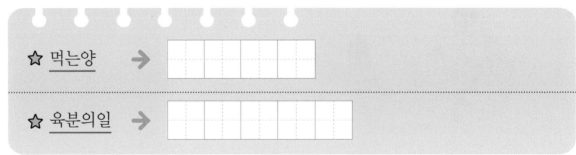

☆ <u>먹는양</u> → ☐☐☐☐☐

☆ <u>육분의일</u> → ☐☐☐☐☐☐☐

달에 30개의 바다가 있다고?

다음 글을 소리 내어 읽어 보세요.

옛날 사람들은 달에 토끼가 살고 있다고 생각했어요. 그런데 망원경이 발달하고, 우주선을 보내 달을 직접 탐사하면서 달의 진짜 모습이 세상에 알려졌어요.

▲ 옛날 사람들이 생각한 달의 모습

달의 표면은 매끈매끈한 부분과 울퉁불퉁한 부분이 섞여 있어요. 달 표면에서 어둡게 보이는 곳을 '바다'라고 불러요. 그렇다고 지구의 바다처럼 물이 가득한 것은 아니지요.

물도 없는데 왜 '바다'라고 부르게 되었을까요? 독일의 천문학자 케플러가 달의 어두운 부분에 물이 차 있을 거로 추측하여 '바다'라고 불렀기 때문이에요. 당시에는 망원경이 지금처럼 발달하지 못해서 생긴 오해였지요.

바다(앞면)

▲ 달 표면

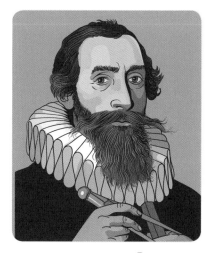

▲ 천문학자 케플러

달의 바다는 30개로 알려져 있어요. 그중에서 26개는 지구에서 볼 수 있는 달의 앞면에 있고, 나머지는 ＿＿＿＿＿＿＿＿＿ 달의 뒷면에 있어요. 천문학자들은 이 바다들에 이름을 붙였어요. 고요의 바다, 비의 바다, 구름의 바다 등 모두 재미있는 이름들이랍니다.

1
어휘력

빈칸에 알맞은 말을 넣어 설명을 완성하세요.

조사   조용한   우주 [보기]

탐사	잘 알려지지 않은 것을 자세히 □□해서 밝혀 냄.
천문학자	달과 별, □□에서 벌어지는 일을 연구하는 학자.
고요	아무 소리 없이 □□□ 상태.

2
이해력

□ 안에 들어갈 내용으로 알맞은 것에 O표 하세요.

❶ 달 표면에서 [밝게 | 어둡게] 보이는 곳을 '바다'라고 불러요.

❷ 케플러는 달의 어두운 부분에 [물이 | 돌이] 차 있을 거로 추측했어요.

3
추론 능력

이야기를 생각하며 빈칸에 들어갈 내용을 고르세요. (   )

그중에서 26개는 지구에서
볼 수 있는 달의 앞면에 있고,
나머지는 ▇▇▇▇▇▇
달의 뒷면에 있어요.

① 지구에서 볼 수 없는
② 우주에서 볼 수 없는

4
사고력

이 글을 읽고 바르게 말한 친구의 번호를 쓰세요. (   )

① 달의 바다 중에서 대부분은 지구에서 볼 수 없어.
바빠독

② 달의 진짜 모습이 알려지는 데 망원경의 발달이 중요했구나.
바쁘냥

5 줄거리입니다. 빈칸에 들어갈 말을 골라 쓰세요.

내용 정리

> **보기**
>
> 윗면   케플러   앞면   망원경   어둡게

옛날 사람들은 달에 토끼가 살고 있다고 생각했는데 ☐☐☐이 발달하고, 달을 탐사하면서 달의 진짜 모습이 세상에 알려졌어요.

⬇

달 표면에서 ☐☐☐ 보이는 곳을 '바다'라고 부르는데, 지구의 바다처럼 물이 가득한 것은 아니지요.

⬇

지금처럼 망원경이 발달하지 못했을 때, ☐☐☐가 어두운 부분에 물이 차 있을 거로 추측하여 '바다'라고 불렀기 때문이에요.

⬇

달의 바다는 30개로 알려져 있는데, 그중 26개는 ☐☐에, 나머지는 뒷면에 있어요. 천문학자들은 이 바다들에 여러 재미있는 이름을 붙였답니다.

6 밑줄 친 부분을 바르게 띄어 쓰세요.

맞춤법

> ☆ 달의 <u>진짜모습</u>   ➡   달의 ☐☐☐☐☐☐
>
> ☆ 어둡게 <u>보이는곳</u>   ➡   어둡게 ☐☐☐☐☐

교과 과학 — 만화

가시가 아니라고?

다음 글을 소리 내어 읽어 보세요.

1 빈칸에 알맞은 말을 넣어 설명을 완성하세요.

어휘력

원인   생긴   넓적   <보기>

판판하다   [넓][적]하며 표면이 울퉁불퉁하지 않고 평평하다.

결과   어떤 일이나 [원][인] 때문에 벌어진 일.

효과   어떤 일을 해서 [생][긴] 좋은 결과.

2 [ ] 안에 들어갈 내용으로 알맞은 것에 O표 하세요.

이해력

❶ 부채 선인장은 [발바닥 | 손바닥] 선인장이라고도 불러요.

❷ 선인장의 잎이 가시처럼 된 것은 [사막 | 연못]에 적응한 결과예요.

3 이야기를 생각하며 빈칸에 들어갈 내용을 고르세요. (   )

추론 능력

[   ]
사막 환경에
적응한 결과인 거지.

① 물이 부족한
② 물이 풍부한

4 사막에 적응한 식물들이 가진 특징 두 가지를 고르세요. (,   )

사고력

가시 ✕
잎 ⭕

① 물을 저장하기 좋은 줄기를 가지고 있어요.

② 동물이 뜯어 먹기 좋도록 가시를 가지고 있어요.

③ 수분을 뺏기지 않기에 알맞은 잎을 가지고 있어요.

5 줄거리입니다. 빈칸에 들어갈 말을 골라 쓰세요.

내용 정리

```
보기        적응    실패    부채    줄기    수분
```

소망이가 부채처럼 생긴 식물이 뭐냐고 묻자, 사랑이는 손바닥 선인장이라고도 부르는 ☐☐ 선인장이라고 했어요.

↓

사랑이는 선인장의 판판한 부분은 물이 저장된 ☐☐이고, 가시처럼 생긴 것은 잎이라는 걸 알려 주었어요.

↓

잎이 넓으면 ☐☐을 쉽게 뺏긴다는 사랑이의 말에 소망이는 물을 최대한 가지고 있으려고 선인장 잎이 가늘고 좁아졌음을 눈치챘어요.

↓

사랑이가 선인장 잎이 가시처럼 된 것은 사막에 ☐☐한 결과라고 하자, 소망이는 동물로부터 자신을 보호하는 효과도 있겠다고 했지요.

6 밑줄 친 부분을 바르게 띄어 쓰세요.

맞춤법

☆ 물이 저장되어있어. → 물이 ☐☐☐☐☐☐☐☐.

☆ 쉽게 수분을 뺏기게돼. → 쉽게 수분을 ☐☐☐☐☐☐☐.

얼음과자의 키가 작아진다고?

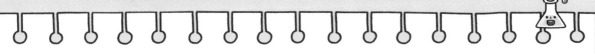

다음 글을
소리 내어
읽어 보세요.

사랑이는 얼음과자가 녹으면 부피와 무게가 어떻게 변화하는지 알아보는 실험을 했어요.

★ **탐구 활동**: 녹은 얼음과자의 부피와 무게 변화 관찰하기

★ **무엇이 필요할까요?**: 꽁꽁 얼린 얼음과자, 파란색과 빨간색 유성 펜, 전자저울

★ **어떻게 할까요?**

1. 꽁꽁 얼린 얼음과자를 세워 내용물의 높이를 파란색 유성 펜으로 표시한 뒤, 무게를 측정한다.
2. 실온에 꺼내 놓고 완전히 녹을 때까지 기다린다.
3. 얼음과자를 세워 내용물 높이를 빨간색 유성 펜으로 표시한 뒤, 표면의 물기를 화장지로 닦은 뒤에 무게를 측정한다.

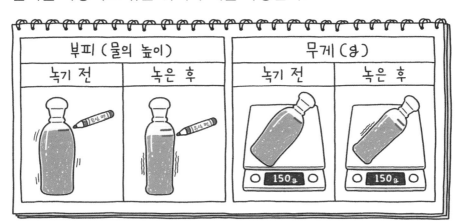

부피 (물의 높이)		무게 (g)	
녹기 전	녹은 후	녹기 전	녹은 후
		150g	150g

사랑이는 내용물의 높이가 ⬛⬛⬛⬛⬛ 부피가 줄어든 것으로 생각했어요. 그리고 아래와 같은 결론을 내렸지요.

★ **결론**: 얼음과자가 녹으면 부피는 줄어들지만, 무게는 변하지 않는다.

1 빈칸에 알맞은 말을 넣어 설명을 완성하세요.

어휘력

보기

안   기름   공간

부피	어떤 물체가 차지하는 [ ][ ]의 크기.
유성	잉크에 [ ][ ]을 넣어 물에 번지지 않게 만든 성질.
실온	방 [ ]의 온도.

2 [ ] 안에 들어갈 내용으로 알맞은 것에 O표 하세요.

이해력

❶ 사랑이는 꽁꽁 얼린 얼음과자와 녹은 얼음과자의 내용물 높이를

[다른 ┊ 같은] 색으로 표시했어요.

❷ 사랑이는 내용물의 [무게 ┊ 높이]를 부피와 연결 지어 생각했어요.

3 이야기를 생각하며 빈칸에 들어갈 내용을 고르세요. (   )

추론 능력

사랑이는 내용물의 높이가

━━━━━━━━

부피가 줄어든 것으로
생각했어요.

① 높아진 것을

② 낮아진 것을

4 얼린 물병과 녹은 물병을 보고 바르게 말한 친구의 번호를 쓰세요. (   )

사고력

①
얼음이 녹으면
무게가 변하는구나.

바빠독

②
얼음이 녹으면
부피가 줄어드는구나.

바쁘냥

5 줄거리입니다. 빈칸에 들어갈 말을 골라 쓰세요.

> **보기**
>
> 높이   무게   부피   실험   소리

사랑이는 얼음과자가 녹으면 어떻게 변화하는지 알아보는 ☐☐ 을 했어요.

↓

꽁꽁 얼린 얼음과자와 녹은 얼음과자의 내용물 ☐☐ 를 다른 색 펜으로 표시하고, 전자저울로 무게도 측정했어요.

↓

녹은 후 내용물 높이를 표시한 빨간색 선이 녹기 전 내용물 높이를 표시한 파란색 선보다 낮았어요. ☐☐ 는 똑같았지요.

부피 (물의 높이)

녹기 전	녹은 후

↓

사랑이는 얼음과자가 녹으면 ☐☐ 는 줄어들지만, 무게는 변하지 않는다는 결론을 내렸지요.

무게 (g)

녹기 전	녹은 후
150g	150g

6 밑줄 친 부분을 바르게 띄어 쓰세요.

☆ <u>꽁꽁얼린</u> → ☐☐☐☐☐

☆ 화장지로 <u>닦은뒤에</u> → 화장지로 ☐☐☐☐☐

15 손 그림자놀이가 있다고?

다음 글을
소리 내어
읽어 보세요.

빛은 직진하려는 성질이 있어요. 그래서 물체가 빛을 가리면 그 물체와 모양이 비슷한 그림자가 생겨요. 손 그림자놀이는 이 현상을 이용한 놀이예요.

손 그림자놀이는 누구나 쉽게 할 수 있어요. 방 안의 불을 끈 뒤, 하얀 벽 앞에 공간을 띄우고 손전등을 켜요. 손을 벽과 손전등 사이에 밀어 넣은 뒤, 모양을 만들면   그림자가 생기지요.

두 손을 어떻게 하느냐에 따라 다양한 모양을 만들 수 있어요. 양 손바닥을 X자로 포개고 손가락을 구부리면 꽃게가, 엄지손가락을 세우고 나머지 손가락을 날개처럼 펼치면 새가, 주먹 쥔 손을 다른 손의 손등에 올린 뒤 아래 손의 손가락을 위로 치켜들면 달팽이가 만들어져요.

▲꽃게   ▲새   ▲달팽이

그림자의 크기도 마음대로 바꿀 수 있답니다. 손을 손전등 쪽으로 가까이 가져가면 그림자가 커져요. 반대로 손을 벽 쪽으로 가져가면 그림자는 작아지지요. 정말 신기하지요?

1 빈칸에 알맞은 말을 넣어 설명을 완성하세요.

어휘력

보기

겹 상태 곧게

직진 | [ ] [ ] 나아감.

현상 | 인간이 보거나 느껴서 알 수 있는 모습이나 [ ] [ ].

포개다 | 놓인 것 위에 또 놓다, 여러 [ ]으로 놓다.

2 [ ] 안에 들어갈 내용으로 알맞은 것에 O표 하세요.

이해력

❶ 그림자를 만들려면 손을 벽과 손전등 [사이에 | 위에] 밀어 넣어야 해요.

❷ 손을 손전등 쪽으로 가까이 가져가면 그림자가 [작아져요 | 커져요].

3 이야기를 생각하며 빈칸에 들어갈 내용을 고르세요. (   )

추론 능력

손을 벽과 손전등 사이에
밀어 넣은 뒤, 모양을 만들면
▒▒▒▒▒▒▒ 그림자가 생기지요.

① 손 모양과 비슷한
② 손 모양과 완전히 다른

4 손 모양을 보고 어떤 그림자가 생길지 찾아서 연결하세요.

사고력

손 모양

그림자

57

5 줄거리입니다. 빈칸에 들어갈 말을 골라 쓰세요.

내용 정리

보기   손전등   발바닥   달팽이   손   직진

손 그림자놀이는 [ ][ ]하는 빛을 물체가 가리면 그림자가 생기는 현상을 이용한 놀이예요.

↓

하얀 벽 앞에 손전등을 켠 뒤, [ ]을 벽과 손전등 사이에 밀어 넣으면 그림자를 만들 수 있어요.

↓

두 손을 어떻게 하느냐에 따라 꽃게, 새, [ ][ ][ ] 등 다양한 모양을 만들 수 있어요.

↓

손을 [ ][ ][ ] 쪽으로 가까이 가져가면 그림자가 커지고, 손을 벽 쪽으로 가져가면 그림자가 작아지지요.

6 밑줄 친 부분을 바르게 띄어 쓰세요.

맞춤법

☆ 쉽게 <u>할수있어요.</u> → 쉽게 [ ][ ][ ][ ][ ][ ][ ][ ].

☆ 방 안의 불을 <u>끈뒤</u> → 방 안의 불을 [ ][ ][ ]

58

돌로 된 할아버지와 부처님이 있다고?

20△△년 △월 △일 | 날씨: 바람이 붐.

돌 할아버지와 부처님의 공통점은?

과학 시간에 화성암에 대해 공부했다. 화성암은 마그마의 활동으로 만들어진 암석이다. 화성암에는 여러 종류가 있는데 우리는 그중에서 현무암과 화강암을 관찰했다.

▲ 현무암

현무암은 색이 어둡고, 진한 회색이다. 표면에는 구멍이 송송 뚫려 있다. 화강암은 현무암과 많이 달랐다. 색이 밝고 분홍색, 회색이 섞여 있다. 표면은 꺼칠한 부분도 있고 매끈한 부분도 있다.

▲ 화강암

선생님은 현무암 할아버지와 화강암 부처님을 소개해 주셨다. 현무암 할아버지는 제주도에서 볼 수 있는 돌하르방으로 툭 튀어나온 눈이 재미있다. 돌하르방은 제주도 방언으로 '돌로 만든 할아버지'라는 뜻이다.

화강암 부처님은 경주 석굴암 석굴에 있는 불상이다. 신비로움이 느껴지는 아름다운 불상이었다. 할아버지와 부처님은 모습도, 볼 수 있는 곳도 다르지만 둘 다 〇〇〇〇〇〇〇〇〇 화성암으로 된 것이라니 신기하다.

▲ 현무암 할아버지, 돌하르방

▲ 화강암 부처님, 석굴암 본존불

1 빈칸에 알맞은 말을 넣어 설명을 완성하세요.

어휘력

보기
굵고   바위   한

꺼칠하다	알갱이가 , 만졌을 때 부드럽지 않다.
방언	어느 지방에서만 쓰는 표준어가 아닌 말.
석굴	에 뚫린 굴.

2 ☐ 안에 들어갈 내용으로 알맞은 것에 O표 하세요.

이해력

❶ 색이 밝고, 분홍색과 회색이 섞여 있는 것은 │ 현무암 │ 화강암 │이에요.

❷ 돌하르방은 '돌로 만든 │ 할아버지 │ 할머니 │'라는 뜻이에요.

3 이야기를 생각하며 빈칸에 들어갈 내용을 고르세요. (　　　)

추론 능력

모습도, 볼 수 있는 곳도
다르지만 둘 다

화성암으로 된 것이라니 신기하다.

① 마그마의 활동으로 만들어진

② 제주도에서만 볼 수 있는

4 사진을 보고 바르게 말한 친구의 번호를 쓰세요. (　　　)

사고력

① 구멍이 송송 뚫린 것을 보니 현무암으로 된 돌담이겠네.

바빠독

② 거친 부분도 있고, 매끈한 부분도 있는 것을 보니 화강암으로 된 돌담이겠네.

바쁘냥

5 줄거리입니다. 빈칸에 들어갈 말을 골라 쓰세요.

내용정리

> **보기** 돌덩어리   놀하르방   마그마   불상   현무암

과학 시간에 [   ][   ] 의 활동으로 만들어진 화성암에 대해 공부하며, 그중 현무암과 화강암을 관찰했다.

⬇

[   ][   ] 은 회색이며 표면에는 구멍이 뚫려 있다. 화강암은 밝고 분홍색과 회색이 섞여 있으며 표면은 꺼칠한 부분도 있고, 매끈한 부분도 있다.

⬇

선생님은 현무암 할아버지와 화강암 부처님을 소개해 주셨다. 현무암 할아버지는 툭 튀어나온 눈을 가진 제주도의 [   ][   ][   ] 이다.

⬇

화강암 부처님은 경주에 있는 아름다운 [   ] 이다. 모습도, 볼 수 있는 곳도 다르지만 둘 다 화성암으로 된 것이라니 신기하다.

6 밑줄 친 부분을 바르게 띄어 쓰세요.

맞춤법

☆ <u>여러종류가</u> ➜ [   ][   ][   ][   ][   ][   ]

☆ <u>툭튀어나온 눈</u> ➜ [   ][   ][   ][   ][   ] 눈

1 이야기의 내용과 어울리는 문장끼리 알맞게 연결하세요.

호박 화석에는	사막에 적응한 결과예요.
달 표면에서 어둡게 보이는 곳을	지구에서 몸무게를 잴 때보다 줄어들어요.
달에서 몸무게를 재면	생물이 통째로 보존되어 있어요.
선인장의 잎이 좁고 가는 것은	'바다'라고 불러요.

2 <보기>의 말을 낱말 판에서 찾아 묶어 보세요.

보기   공개   조절   측정   탐사   직진

탸	읽	티	재	츠	탐	사
공	개	료	없	뉴	무	뷰
가	였	머	녀	듀	벼	직
셔	츄	조	절	걔	괜	진
히	찮	뤼	궤	측	정	뷔

셋째 마당

생활문

'국어' 교과서에는 이야기나 설명글 외에도 여러 가지 형식의 글이 담겨 있어요. 그래서 셋째 마당에는 '국어' 과목을 공부하는 데 직접 도움이 되는 글감을 담았어요. '알리는 글, 일기, 편지, 만화, 신문 기사' 등 여러분이 생활하면서 만나는 글들이기도 하지요. 글감은 '국어' 단원의 순서에 맞추어 구성했으니, '국어' 과목을 예습하거나 복습하는 데에도 도움이 될 거예요. 셋째 마당을 통해 독해 실력을 한 단계 더 높여 보세요.

공부할 내용!   공부한 날짜

17	수어로 희망을 전하다	월	일
18	한자 병기가 공부에 도움이 될까?	월	일
19	스마트폰을 슬기롭게 사용하려면?	월	일
20	맨주먹 정신의 뜻	월	일
21	어른에게 드리는 글	월	일
22	수염과 대통령	월	일
23	냄비와 국자 전쟁	월	일
24	학교 급식에서 고기를 빼면?	월	일

바쁜 초등학생을 위한 빠른 신문 [바빠 신문]

○○그룹, 수어로 감동 선물해

[바빠 신문] 입력: 20△△년 △월 △일
최엉뚱 기자(funnychio@bappnnew.com)

○○그룹이 새로운 곡을 발표했다. 그런데 이 곡의 소개 영상에 수어를 활용한 동작이 나와 큰 관심을 받고 있다.

수어는 '수화 언어'를 줄인 말로, 청각 장애를 가진 사람들이 손동작으로 뜻을 전달하는 언어이다. 영상에는 세 가지 동작이 나온다. 엄지손가락은 펴고 나머지 손가락은 반쯤 구부린 채 위아래로 몸을 긁는 듯한 동작은 '즐겁다', 한 손바닥을 무대처럼 펼치고 그 위에 다른 손의 손가락으로 에이(A) 모양을 만든 뒤 움직이는 것은 '춤을 춘다', 두 손으로 알파벳 브이(V)를 만들어 위로 드는 것은 '평화'를 뜻한다.

즐겁다	춤을 춘다	평화

청각 장애를 가진 김수영(11세) 어린이는 "저절로 춤을 따라 하고 싶어져요."라고 수어로 말하며 함박웃음을 지었다. 미국의 청각 장애 어린이 제니(10세)도 "저에게 함께 　　　　　　　　 하는 것 같아요."라며 좋아했다.

○○그룹은 그동안 꾸준히 긍정적이고 희망적인 곡을 발표했다. 이에 더해 이번에는 수어 안무를 통해 뜻깊은 감동을 선물했다.

1 빈칸에 알맞은 말을 넣어 설명을 완성하세요.

어휘력

환한   춤   소리

청각 ┊ □□ 를 느끼고 알아차림.

함박웃음 ┊ 크고 □□ 웃음.

안무 ┊ 음악에 어울리게 □ 동작을 만드는 일.

2 □ 안에 들어갈 내용으로 알맞은 것에 O표 하세요.

이해력

❶ 수어는 │ 시각 ┊ 청각 │ 장애를 가진 사람들의 언어이다.

❷ 두 손으로 알파벳 브이(V)를 만들어 위로 드는 것은 │ '평화'를 ┊ '전쟁'을 │ 뜻한다.

3 이야기를 생각하며 빈칸에 들어갈 내용을 고르세요. (   )

추론 능력

미국의 청각 장애 어린이 제니(10세)도
"저에게 함께 ▒▒▒▒▒▒▒▒
하는 것 같아요."라며 좋아했다.

① 춤을 추자고
② 공부하자고

4 기사에 대해 바르게 말한 친구의 번호를 쓰세요. (   )

사고력

① 바빠독

사건의 요약
▼
사건의 의미
▼
사건과 관련된 어린이들의 이야기
▼
수어의 뜻과 동작에 대한 설명

이런 순서로 썼어.

② 바쁘냥

사건의 요약
▼
수어의 뜻과 동작에 대한 설명
▼
사건과 관련된 어린이들의 이야기
▼
사건의 의미

이런 순서로 썼어.

5 줄거리입니다. 빈칸에 들어갈 말을 골라 쓰세요.

내용 정리

보기   즐겁다   수어   사랑   감동   청각

○○그룹이 발표한 새로운 곡의 소개 영상에 [   ]를 활용한 동작이 나와 큰 관심을 받고 있다.

↓

수어는 청각 장애를 가진 사람들의 언어인데, 영상에 나온 동작은 '[   ]', '춤을 춘다' 그리고 '평화'이다.

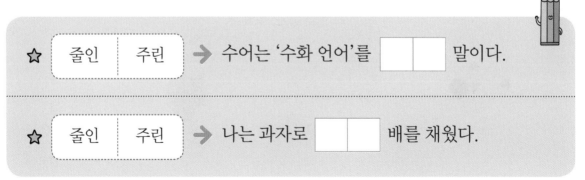

↓

영상을 본 [   ] 장애를 가진 어린이들은 춤을 따라 하고 싶어진다며 좋아했다.

↓

그동안 긍정적이고 희망적인 곡을 꾸준히 발표한 ○○그룹이 이번에는 수어 안무를 통해 뜻깊은 [   ]을 선물했다.

6 빈칸에 들어갈 말을 골라 쓰세요.

맞춤법

☆ [줄인 | 주린] → 수어는 '수화 언어'를 [   ] 말이다.

☆ [줄인 | 주린] → 나는 과자로 [   ] 배를 채웠다.

※ 줄이다: 길이나 크기를 줄게 하다.
※ 주리다: 먹지 못해서 배 속이 비어 있다.

18 한자 병기가 공부에 도움이 될까?

 다음 글을 소리 내어 읽어 보세요.

한자가 모여 우리말이 된 낱말이 나올 때 아래처럼 한글 옆에 한자를 나란히 써 주는 것을 '한자 병기'라고 해요.

- **한자 병기를 안 한 경우**: 한자 병기가 공부에 도움이 될까?
- **한자 병기를 한 경우**: 한자(漢字) 병기(倂記)가 공부(工夫)에 도움이 될까?

사랑이 반은 대화방에서 _____ 설문 조사를 했어요. 그 결과 의견이 반반으로 갈렸어요.

한자 병기가 공부에 도움이 될까?		(투표자 수: 24명)
• 도움이 된다.		50%
• 도움이 안 된다.		50%

투표 결과를 본 친구들은 각자의 의견을 말했어요.

 사랑이

뉴스에서 우리말에는 고유어보다 한자어가 더 많다고 나온 걸 봤어. 한자를 알면 우리말을 더 잘 알 수 있으니 도움이 될 거야.

 소망이

언니가 중학교에는 한문[1] 과목이 있대. 지금부터 조금씩 눈에 익히면, 나중에 도움이 될 거야.

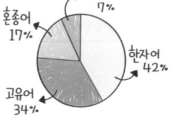

외래어 7%
혼종어 17%
한자어 42%
고유어 34%

 믿음이

한자 병기를 하면 글자 수가 많아져서 문장이 길어져. 그럼 공부할 의욕이 떨어지니까 도움이 안 될 거야.

 엉뚱이

한글만 봐도 다 이해가 되던데 굳이 한자를 써 주어야 할까? 나는 한자만 보면 속이 울렁거린다고.

---

1) '한문'은 중학교나 고등학교에 있는 과목인데, 한자만으로 된 글을 배우는 과목이에요.

1 빈칸에 알맞은 말을 넣어 설명을 완성하세요.

어휘력

보기

원래   적극적   물음

설문	조사를 위해서 어떤 주제에 대해 □□.
고유어	다른 곳에서 온 말이 아니라 □□부터 있던 말.
의욕	무엇을 하고자 하는 □□□인 마음.

2 □ 안에 들어갈 내용으로 알맞은 것에 O표 하세요.

이해력

❶ 한자 병기는 한글 [옆에 | 위에] 한자를 써 주는 것이에요.

❷ 한자 병기를 하면 문장이 [길어져요 | 짧아져요].

3 이야기를 생각하며 빈칸에 들어갈 내용을 고르세요. (   )

추론 능력

사랑이 반은 대화방에서

━━━━━━━━━━

설문 조사를 했어요.

① 영어 병기가 공부에 도움이 되는지에 대한

② 한자 병기가 공부에 도움이 되는지에 대한

4 의견을 제시하는 방법에 대해 제대로 말한 친구의 번호를 쓰세요. (   )

사고력

① 바빠독
사랑이는 뉴스에 나온 것을 바탕으로 의견을 제시했어.

② 바쁘냥
엉뚱이는 모두가 느끼는 기분을 바탕으로 의견을 제시했어.

5 줄거리입니다. 빈칸에 들어갈 말을 골라 쓰세요.

내용 정리

보기   마음   중학교   의욕   병기   공부

한자로 된 우리말 낱말 옆에 한자를 나란히 써 주는 것을
'한자 ☐☐'라고 해요.

한자(漢字)

↓

사랑이 반 대화방에서 한자 병기가 ☐☐ 에 도움이 되는지에 대한 설문
조사를 한 결과, 도움이 된다는 쪽과 도움이 안 된다는 쪽이 반반이었어요.

↓

사랑이는 한자를 알면 우리말을 더 잘 알 수 있어서, 소망이는 조금씩 눈에
익히면 ☐☐☐ 에서 한문 과목을 배울 때 도움이 될 거라고 했어요.

↓

믿음이는 문장이 길어지면 공부할 ☐☐ 이 떨어져서, 엉뚱이는
한글만 봐도 다 이해가 되기 때문에 도움이 안 될 거라고 했어요.

6 빈칸에 들어갈 말을 골라 쓰세요.

맞춤법

☆ | 갈렸어요 | 갈았어요 | → 의견이 반반으로 ☐☐☐☐ .

☆ | 갈렸어요 | 갈았어요 | → 엄마는 고기를 재우려고 사과를
☐☐☐☐ .

※ 갈리다: 쪼개지거나 나뉘어지다.
※ 갈다: 단단한 물건에 대고 문질러 잘게 부수다.

생활문—회의록

19 스마트폰을 슬기롭게 사용하려면?

다음 글을 소리 내어 읽어 보세요.

아래는 학급 회의에서 주제가 선정된 이후 과정을 기록한 것이에요.

주제 토의	**사회자:** 교실에서 스마트폰을 슬기롭게 사용하기 위해 실천해야 할 일이 무엇인지 발표해 주십시오. **사랑이:** 교실에서는 스마트폰을 무음으로 하기로 약속합시다. 그러면 수업에 방해되는 것을 막을 수 있습니다. **사회자:** 다른 의견이 있으면 발표해 주십시오. **엉뚱이:** 교실에서 스마트폰을 사용하면 500원씩 벌금을 내기로 약속합시다. 벌금을 모아 과자를 사 먹으면 좋겠습니다.
표결	**사회자:** 또 다른 의견은 없습니까? 그러면 _____ 실천 내용을 정해도 될까요? **회의 참여자들:** 네, 좋습니다! **사회자:** 먼저, '교실에서 스마트폰을 무음으로 하자.'에 찬성하는 분은 손을 들어 주십시오. 24명 가운데 반이 넘는 22명이 찬성했으므로 채택하겠습니다. 다음으로 '교실에서 스마트폰을 사용하면 500원씩 벌금을 내자.'에 찬성하는 분은 손을 들어 주십시오. 24명 가운데 8명이 찬성했으므로 채택하지 않겠습니다.
결과 발표	**사회자:** 이번 주 학급 회의 주제는 '교실에서 스마트폰을 슬기롭게 사용하자.'이고, 실천 내용은 '교실에서는 스마트폰을 무음으로 하자.'로 정했습니다.
폐회 선언	**사회자:** 이상으로 학급 회의를 마치겠습니다.

주제: 교실에서 스마트폰 슬기롭게 사용하기

1 빈칸에 알맞은 말을 넣어 설명을 완성하세요.

어휘력

보기

마침   투표   고르는

표결 ┊ 뽑을지 말지 [   ][   ]를 하여 결정함.

채택 ┊ 여럿 중에서 하나를 [   ][   ][   ] 것.

폐회 ┊ 대회나 회의 등을 [   ][   ].

2 [   ] 안에 들어갈 내용으로 알맞은 것에 O표 하세요.

이해력

❶ 주제 토의는 주제가 ┃ 선정되기 이전에 ┊ 선정된 이후에 ┃ 해요.

❷ 표결을 한 뒤에는 ┃ 결과 발표를 ┊ 폐회 선언을 ┃ 해요.

3 이야기를 생각하며 빈칸에 들어갈 내용을 고르세요. (   )

추론 능력

그러면

실천 내용을 정해도 될까요?

① 지금까지 나온 내용 중에서

② 앞으로 나올 내용 중에서

4 사회자의 역할에 대해 제대로 말한 친구의 번호를 쓰세요. (   )

사고력

① 사회자는 주제와 관련된 의견을 내는 역할을 하는구나.
바빠독

② 사회자는 회의를 이끌어 가는 역할을 하는구나.
바쁘냥

5 줄거리입니다. 빈칸에 들어갈 말을 골라 쓰세요.

내용 정리

보기
평화   표결   폐회   실천   벌금

사회자가 교실에서 스마트폰을 슬기롭게 사용하기 위해 [ ][ ] 해야 할 일이 무엇인지 발표해 달라고 했어요.

↓

사랑이는 교실에서 스마트폰을 무음으로 하자고 하였고, 엉뚱이는 교실에서 스마트폰을 사용하면 500원씩 [ ][ ]을 내자고 했어요.

↓

사회자는 두 사람이 낸 의견을 [ ][ ]에 붙였어요. 스마트폰을 무음으로 하자는 의견이 실천 내용으로 채택되었어요.

↓

사회자는 학급 회의 주제와 채택된 실천 내용을 정리한 뒤, [ ][ ]를 선언했어요.

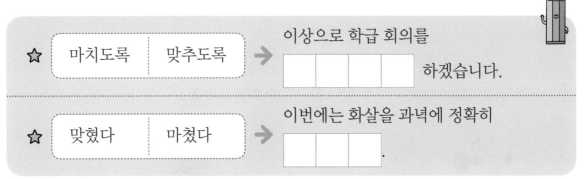

6 빈칸에 들어갈 말을 골라 쓰세요.

맞춤법

☆ | 마치도록 | 맞추도록 → 이상으로 학급 회의를 [ ][ ][ ][ ] 하겠습니다.

☆ | 맞혔다 | 마쳤다 → 이번에는 화살을 과녁에 정확히 [ ][ ][ ].

※ 마치다: 어떤 일이 끝나거나 또는 끝나게 하다.
※ 맞히다: 물체를 쏘아서 어디에 닿게 하다.

맨주먹 정신의 뜻

 다음 글을 소리 내어 읽어 보세요.

20△△년 △월 △일	날씨: 먹구름이 낌.

'헝그리 정신'은 없고 '맨주먹 정신'은 있다!

엄마는 나에게 자꾸 '헝그리 정신'을 가지라고 하신다. 그 말의 뜻을 찾기 위해 국어 사전을 펼쳤지만, 나오지 않았다.

인터넷 검색을 해 보니, 이 말이 '맨주먹 정신'으로 다듬어져 있었고 그 뜻은 다음과 같았다.[1]

> '끼니를 잇지 못할 만큼 어려운 상황에서도 꿋꿋한 의지로 역경을 헤쳐 나가는 정신'을 비유적으로 이르는 말.'

엄마 말은 어려운 일도 ＿＿＿＿＿＿ 이겨 내라는 뜻이었다.

나는 많이 들어본 말인 '워킹맘'과 '파이팅'도 정리해 보았다.

쓰는 말	다듬은 말	그림 표현	의미
워킹맘	직장인 엄마		'아이를 낳아 기르면서 일을 하는 여성'을 통틀어 이르는 말.
파이팅	아자		응원하거나 격려하는 말로 쓰임.

다듬은 말은 원래 말보다 뜻이 더 잘 전해졌다. '직장인 엄마'이신 엄마가 출근하실 때 '아자!'라고 응원해 드려야겠다.

---

1) 국립국어원의 말다듬기 회의에서 외국어나 어려운 한자어를 쉬운 우리말로 다듬었는데, 이런 말들의 목록과 의미를 www.malteo.net에서 찾아볼 수 있어요.

1 빈칸에 알맞은 말을 넣어 설명을 완성하세요.

어휘력

> 합쳐서 힘든 이루고자 [보기]

의지	어떤 일을 [ ][ ][ ] 하는 마음.
역경	매우 어렵고 [ ][ ] 처지나 형편.
통틀어	모두 [ ][ ].

2 [   ] 안에 들어갈 내용으로 알맞은 것에 O표 하세요.

이해력

❶ '헝그리 정신'이라는 말은 사전에 [나와요 | 안 나와요] .

❷ ' [아자 | 가자] '는 응원할 때 쓰는 말인 '파이팅'을 다듬은 말이에요.

3 이야기를 생각하며 빈칸에 들어갈 내용을 고르세요. (   )

추론 능력

> 엄마 말은 어려운 일도 [   ]
> 이겨 내라는 뜻이었다.

① 꾹 참고
② 포기하고

4 아래 세 낱말은 어떻게 다듬었을까요? 알맞게 연결하세요.

사고력

이모티콘 •   • 붙임쪽지

카시트 •   • (아이) 안전 의자

포스트잇 •   • 그림 말

74

5 줄거리입니다. 빈칸에 들어갈 말을 골라 쓰세요.

내용 정리

보기   합쳐진   다듬은   맨주먹   사전   직장인

엄마가 나에게 자주 말씀하시는 '헝그리 정신'은 국어 [ ][ ]에
나오지 않았다.

↓

인터넷 검색으로 이 말이 '[ ][ ] 정신'으로 다듬어진 것과 그 뜻을
알게 되어 엄마의 말뜻이 이해가 되었다.

↓

많이 들어 본 '워킹맘'은 '[ ][ ] 엄마'로,
'파이팅'은 '아자'로 다듬어져 있는 것도 알게 되었다.

↓

[ ][ ] 말은 원래 말보다 뜻이 더 잘 전해졌다.
나도 '직장인 엄마'가 출근하실 때 '아자!'라고 응원해 드려야겠다.

6 빈칸에 들어갈 말을 골라 쓰세요.

맞춤법

☆ [잇지 | 잇지] → 흥부네는 끼니를 [ ][ ] 못할 만큼 가난했다.

☆ [잇지 | 잇지] → 이번 올림픽 배구 경기는 평생 [ ][ ] 못할 것이다.

※ 잇다: 끊어지지 않게 계속하다.
※ 잊다: 알았던 것, 본 것을 기억해 내지 못하다.

어른에게 드리는 글

옛날에는 '어린이'라는 말이 　　　　　　. '어린이'라는 말을 처음으로 만든 분은 방정환 선생님이에요. 방정환 선생님은 어린이들이 존중받는 사회를 만들고 싶었어요. 그래서 아래와 같은 내용을 제안했지요.[1]

어른에게 드리는 글

- 어린이를 내려다보지 마시고 쳐다보아 주시오.
- 어린이를 늘 가까이 하사 자주 이야기를 하여 주시오.
- 어린이에게 경어를 쓰시되 늘 보드랍게 하여 주시오.
- 이발이나 목욕, 의복 같은 것을 때맞춰 하도록 하여 주시오.
- 잠자는 것과 운동하는 것을 충분히 하게 하여 주시오.
- 산보와 소풍[2] 같은 것을 가끔 가끔 시켜 주시오.
- 어린이를 책망하실 때는 쉽게 성만 내지 마시고 자세히 타일러 주시오.
- 어린이들이 서로 모여 즐겁게 놀 만한 놀이터나 기관 같은 것을 지어 주시오.

방정환 선생님의 이 글은 우리 사회가 어린이들에게 더 행복한 환경을 만들어 주는 데 도움이 되었답니다.

---

1) 1923년 5월 1일 어린이날 기념식에서 발표한 '어린이날 선언문'이에요. 맨 마지막 문장은 '대우주의 뇌신경의 말초는 늙은이에게 있지 아니하고 젊은이에게도 있지 아니하고 오직 어린이 그들에게만 있는 것을 늘 생각하여 주시오.'입니다.
2) 원문에는 '소풍' 대신 '원족(휴식을 취하기 위해서 야외에 나갔다 오는 일)'으로 되어 있어요.

1 빈칸에 알맞은 말을 넣어 설명을 완성하세요.

어휘력

보기
걷는   공손히   꾸짖는

경어 | 상대방에게 [ ][ ] 하는 말, 높임말.

산보 | 쉬기 위해서 또는 건강을 위해서 천천히 [ ][ ] 일.

책망 | 상대방의 부족한 점이나 잘못을 [ ][ ] 일.

2 [   ] 안에 들어갈 내용으로 알맞은 것에 O표 하세요.

이해력

❶ 어린이라는 말을 [처음으로 : 두 번째로] 만든 분은 방정환 선생님이에요.

❷ 방정환 선생님은 어린이에게 [함부로 : 보드랍게] 하여 주라고 제안했어요.

3 이야기를 생각하며 빈칸에 들어갈 내용을 고르세요. (   )

추론능력

옛날에는
'어린이'라는 말이
[   ].

① 있었어요.
② 없었어요.

4 제안하는 글을 쓰는 방법에 대해 바르게 말한 친구의 번호를 쓰세요. (   )

사고력

①
바빠독

말끝을
'~해라.'처럼
강요하듯이 해야 해.

②
바쁘냥

말끝을
'~하여 주시오.'처럼
부드럽게 해야 해.

5 줄거리입니다. 빈칸에 들어갈 말을 골라 쓰세요.

내용 정리

> 보기   행복한   방정환   무서운   즐겁게   목욕

'어린이'라는 말을 처음으로 만든 [　][　][　] 선생님은
'어른에게 드리는 글'을 통해 여러 가지를 제안했어요.

↓

어린이를 내려다보지 말고, 가까이 하고, 보드랍게 대하며 이발, [　][　],
의복, 잠자는 것과 운동하는 것도 신경 써 주자고도 했어요.

↓

산보와 소풍도 시켜 주고, 책망할 때는 자세히 타일러 주고, 어린이들이
서로 모여 [　][　][　] 놀 만한 곳을 지어 주라고도 했지요.

↓

이런 제안은 우리 사회가 어린이들에게 더 안전하고 [　][　][　]
환경을 만들어 주는 데 도움이 되었답니다.

6 빈칸에 들어갈 말을 골라 쓰세요.

맞춤법

☆ [시켜라 | 식혀라] → 산보와 소풍을 가끔 가끔 [　][　][　].

☆ [시킨 | 식힌] → 라면이 뜨거우니 충분히 [　][　] 뒤 먹어라.

※ 시키다: 다른 사람에게 어떤 일이나 행동을 하게 하다.
※ 식히다: 열을 없애다.

78

다음 글을
소리 내어
읽어 보세요.

미국의 제16대 대통령인 링컨은 원래 수염이 없는 모습이었습니다. 그가 수염을 기르기 시작한 것은 한 어린이의 편지 때문이랍니다.[1]

친애하는 링컨 아저씨께

저는 아저씨가 미국의 대통령이 되기를 매우 바라는 열한 살 소녀랍니다. 오빠 네 명 중 몇 명은 아저씨에게 투표할 거예요. 만약 수염을 기르신다면, 제가 다른 오빠들도 아저씨에게 투표하라고 할게요. 아저씨 얼굴은 너무 말라서 수염을 기르시면 훨씬 보기 좋을 거예요. 또 아줌마들은 ▨▨▨▨▨▨▨▨▨▨▨▨▨▨. 수염을 기르시면 아줌마들이 아저씨를 뽑으라고 남편들을 조르겠지요. 그러면 아저씨가 대통령으로 당선되실 거예요.

그럼, 안녕히 계세요.

1860년 10월 15일
그레이스 베델 드림

링컨은 소녀의 편지에 담긴 진심에 감동했고 손수 답장도 보냈어요. 그는 고민 끝에 수염을 길렀고, 결국 대통령에 당선되었지요. 훗날 두 사람은 만나서 반갑게 인사했답니다.

1) 편지 원문은 abrahamlincolnonline.org에 실려 있어요. 3학년 1학기 국어 4단원 '내 마음을 편지에 담아'에 나온 편지의 형식에 맞추고, 어린이들의 눈높이에 맞게 쉽게 풀어서 실었어요.

1 빈칸에 알맞은 말을 넣어 설명을 완성하세요.

어휘력

보기
> 직접   선거   친하게

친애	매우 [ ][ ][ ] 느끼고 사랑함.
당선	[ ][ ]에서 뽑힘.
손수	남의 힘을 빌리지 않고 자신이 [ ][ ].

2 [   ] 안에 들어갈 내용으로 알맞은 것에 O표 하세요.

이해력

① 링컨은 원래 수염이 | 있는 : 없는 | 모습이었어요.

② 링컨은 훗날 자신에게 편지를 보낸 그레이스 베델을 | 만났어요 : 못 만났어요 |.

3 이야기를 생각하며 빈칸에 들어갈 내용을 고르세요. (   )

추론 능력

또 아줌마들은 _____.
수염을 기르시면 아줌마들이
아저씨를 뽑으라고 남편들을 조르겠지요.

① 수염을 싫어해요
② 수염을 좋아해요

4 편지에서 그레이스 베델의 진심이 나타난 곳은 어디인가요? (   )

사고력

① 저는 아저씨가 미국의 대통령이 되기를 매우 바라는 열한 살 소녀랍니다.

② 오빠 네 명 중 몇 명은 아저씨에게 투표할 거예요.

80

5 줄거리입니다. 빈칸에 들어갈 말을 골라 쓰세요.

내용 정리

> 보기
>
> 선택   오빠   당선   수염   링컨

☐☐ 이 수염을 기르기 시작한 것은 '그레이스 베델'이라는
어린이의 편지 때문이랍니다.

⬇

그레이스는 링컨이 대통령이 되기를 매우 바라고 있으며 만약 링컨이
수염을 기르면, ☐☐ 들이 링컨에게 투표하도록 할 거라고 했어요.

⬇

링컨이 ☐☐ 을 기르면 훨씬 보기 좋기 때문에 아줌마들이 남편들에게
링컨을 뽑으라고 조를 것이고, 그러면 대통령으로 당선될 것이라고도 했지요.

⬇

링컨은 소녀의 진심에 감동해 수염을 길렀고, 결국 대통령에
☐☐ 되었지요. 훗날 두 사람은 만나서 반갑게 인사했답니다.

6 빈칸에 들어갈 말을 골라 쓰세요.

맞춤법

☆ ┆ 바래는 ┆ 바라는 ┆ → 저는 아저씨가 미국의 대통령이 되기를
☐☐☐ 소녀랍니다.

☆ ┆ 바랬다 ┆ 바랐다 ┆ → 오래 입어서 셔츠 색이 ☐☐☐.

※ 바라다: 원하는 대로 되었으면 하고 생각하다.
※ 바래다: 색이 변하다.

81

냄비와 국자 전쟁

다음 글을 소리 내어 읽어 보세요.

오늘 믿음이가 추천한 책을 읽었다. 믿음이 말로는 둘이 읽다 하나 죽어도 모를 만큼 재미있는 책이라고 했다. 책 제목부터 심상치가 않다. 독일인인 미하엘 엔데(Michael Ende)가 쓴 『냄비와 국자 전쟁』이다.

▲미하엘 엔데

왼쪽 나라와 오른쪽 나라가 있었다. 마녀가 두 나라에 냄비와 국자를 따로 선물하면서, 둘이 합쳐지면 저절로 맛있는 수프가 생긴다고 말한다. 두 나라는 서로의 것을 뺏으려고 도둑을 보내고 전쟁까지 한다. 그러다 두 나라의 왕자와 공주가 결혼을 하면서 하나의 나라가 되고, 마침내 맛있는 수프가 나오는 냄비와 국자를 가진 행복한 나라가 되는 이야기다.

가장 기억에 남는 부분은 전쟁을 하는 장면이었다. 왼쪽 나라는 왼쪽으로, 오른쪽 나라는 오른쪽으로 가서 서로 만나지를 못했다. 그만큼 이 책에 나오는 어른들은 말은 진지하지만, 행동은 엉뚱하다.

이야기 속 어른들은 상대방 것을 뺏으려고 　　　　　　 방법을 찾았다. 그렇지만 문제는 간단하게 해결되었다. 서로 합치면 된다. 나는 이 책을 통해 서로 가진 걸 합치면 더 큰 행복이 생긴다는 교훈을 얻었다.

* 출처: 냄비와 국자 전쟁(소년 한길)(2001)

1 빈칸에 알맞은 말을 넣어 설명을 완성하세요.

보기

진실하다 평범하지 소개

추천	어떤 것을 [ ][ ] 하고 권함.
심상치가 않다	[ ][ ][ ] 않다, 흔히 볼 수 없다.
진지하다	말과 행동이 장난스럽지 않고 [ ][ ][ ][ ].

2 [ ] 안에 들어갈 내용으로 알맞은 것에 O표 하세요.

① 이야기에 나오는 두 나라는 왼쪽 나라와 | 아래쪽 : 오른쪽 | 나라였어요.

② 이야기의 마녀는 두 나라에 냄비와 | 밥주걱을 : 국자를 | 따로 선물했어요.

3 이야기를 생각하며 빈칸에 들어갈 내용을 고르세요. (   )

이야기 속 어른들은
상대방 것을 뺏으려고
▬▬▬▬▬ 방법을 찾았다.

① 간단한
② 복잡한

4 이 책을 읽게 된 동기를 제대로 말한 친구의 번호를 쓰세요. (   )

① 이 책을 읽게 된 동기가 전쟁과 관련이 있구나.
바빠독

② 이 책을 읽게 된 동기가 친구와 관련이 있구나.
바쁘냥

5 줄거리입니다. 빈칸에 들어갈 말을 골라 쓰세요.

내용 정리

> **보기**　　행복　　독일　　하나　　전쟁　　욕심

믿음이가 추천한 『냄비와 국자 전쟁』이라는 [　　] 작가
미하엘 엔데의 책을 읽었다.

↓

왼쪽 나라와 오른쪽 나라가 서로가 가진 냄비와 국자를 뺏으려다가,
두 나라의 왕자와 공주가 결혼을 하면서 [　　] 가 되는 이야기이다.

↓

왼쪽 나라는 왼쪽으로, 오른쪽 나라는 오른쪽으로 가서 서로 만나지 못하는
엉뚱한 [　　] 장면이 가장 기억에 남는다.

↓

상대방 것을 뺏으려 말고 합치면 문제가 간단하게 해결된다. 이 책을 통해
서로 가진 걸 합치면 더 큰 [　　] 이 생긴다는 것을 배웠다.

6 빈칸에 들어갈 말을 골라 쓰세요.

맞춤법

☆ | 익었다 | 읽었다 | → 오늘 믿음이가 추천한 책을 [　　　].

☆ | 익은 | 읽은 | → 우리 아빠는 [　　] 김치만 좋아한다.

※ 읽다: 글을 소리 내거나 눈으로 보아 그 뜻을 알다.
※ 익다: 과일의 알이 잘 여물다, 김치 등의 맛이 들다.

24 학교 급식에서 고기를 빼면?

 다음 글을 소리 내어 읽어 보세요.

선생님께서 프랑스의 한 도시가 학교 급식에서 고기를 빼기로 했다는 소식을 전해 주셨어요. 선생님께서는 모둠별로 모여서 한 친구는 이 문제에 대한 의견을 글로 쓰고, 다른 친구들은 그 글을 평가해 보자고 하셨어요.

사랑이네 모둠에서는 엉뚱이가 글을 썼어요.

어린이가 성장하기 위해서는 단백질을 섭취해야 한다. 급식에서만 고기를 먹는 어린이도 있는데, ＿＿＿＿＿＿＿ 이 어린이는 단백질을 먹을 수 없다.

또한 급식에는 과일이 필수로 나와야 한다. 급식이 맛없다고 잘 안 먹는 아이들도 과일이 있으면 급식을 먹을 것이다.

이러한 이유로 나는 급식에서 고기를 빼는 것에 반대한다.

사랑이와 믿음이는 엉뚱이의 글에 대해 아래와 같이 평가했어요.

 사랑이

"급식에서 고기를 빼는 것에 반대한다는 자신의 의견을 분명하게 표현한 점은 잘했어."

 믿음이

"뒷받침하는 내용 중 두 번째는 의견과 관련이 없어서 불필요해."

1 빈칸에 알맞은 말을 넣어 설명을 완성하세요.

보기

반드시 따짐 빨아들이는

평가	좋은 점, 나쁜 점, 잘한 점, 부족한 점 등을 ☐☐.
섭취	몸에 필요한 양분을 ☐☐☐ 일.
필수	☐☐ 있어야 하거나 하여야 함.

2 ☐ 안에 들어갈 내용으로 알맞은 것에 O표 하세요.

❶ 선생님께서는 │프랑스│스위스│의 한 도시에 대한 소식을 전해 주셨어요.

❷ 엉뚱이는 급식에서 고기를 빼는 것에 │찬성한다는│반대한다는│
의견을 냈어요.

3 이야기를 생각하며 빈칸에 들어갈 내용을 고르세요. (   )

급식에서만 고기를
먹는 어린이도 있는데,
▓▓▓▓▓▓▓▓▓▓▓
이 어린이는 단백질을 먹을 수 없다.

① 급식에서 고기를 빼면
② 급식에 고기를 넣으면

4 의견을 평가하는 방법을 잘 설명한 친구의 번호를 쓰세요. (   )

① 뒷받침하는 내용을 의견 뒤에 제시했는지 확인하자.

바빠독

② 뒷받침하는 내용이 의견과 관련이 있는지 따져 보자.

바쁘냥

5 줄거리입니다. 빈칸에 들어갈 말을 골라 쓰세요.

내용 정리

보기   불공평   분명하게   급식   단백질   불필요

고기✕

사랑이네 모둠에서는 엉뚱이가 학교 [급식] 에서 고기를 빼는
문제에 대한 의견을 쓴 글에 대해 다른 친구들이 평가하기로 했어요.

⬇

엉뚱이는 어린이에게 [단백질] 이 필요하다는 점과 급식에
과일이 나와야 한다는 점을 들어 반대한다고 썼어요.

⬇

사랑이는 엉뚱이의 글에서 자신의 의견을 [분명하게]
표현한 점이 잘 되었다고 평가했어요.

⬇

믿음이는 엉뚱이의 글에서 뒷받침하는 내용 중 두 번째는 의견과
관련이 없어서 [불필요] 하다고 평가했어요.

6 빈칸에 들어갈 말을 골라 쓰세요.

맞춤법

☆ | 없다 | 업다 | → 급식이 맛 [없] 고 잘 안 먹는 아이들

☆ | 없고 | 업고 | → 새끼를 등에 [업] 고 가는 코알라

※ 없다: 있지 않다.
※ 업다: 어떤 것을 등에 대고 손으로 붙잡거나 끈으로 묶어 두다.

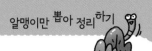

1 이야기의 내용과 어울리는 문장끼리 알맞게 연결하세요.

편지를 쓸 때는	의견과 관련이 있어야 해요.
회의를 할 때 표결은	듣는 사람에게 강요하듯이 해서는 안 돼요.
제안을 할 때는	진심을 담아서 써야 해요.
뒷받침 내용은	주제 토의를 충분히 한 뒤에 해요.

2 〈보기〉의 말을 낱말 판에서 찾아 묶어 보세요.

보기   청각   의욕   채택   책망   당선

료	뷰	겨	뉴	책	망	뷰
겨	뱃	채	택	뉴	많	곱
의	욕	같	티	츠	까	또
물	튜	야	제	츄	당	퓨
티	청	각	츠	키	선	래

교과 사회

3~4학년 때 배우는 '사회'는 사회 현상을 올바르게 이해하고 사회인으로 성장하는 데 꼭 필요한 교양과 태도를 기르는 과목이에요. 지리, 역사, 경제 및 문화에 대한 지식을 배우지요. 그래서 넷째 마당에는 '사회' 과목을 공부하는 데 직접 도움이 되는 글감을 단원의 순서에 맞추어 구성했어요. 여러분이 '사회' 과목을 예습하거나 복습하는 데에도 도움이 될 거예요. 넷째 마당을 통해 독해력도 쑥쑥 기르고 사회 지식도 차곡차곡 쌓아 보세요.

공부할 내용!   공부한 날짜

25	지도는 읽는 거라고?	월	일
26	덕수궁을 지켜 낸 미국인이 있다고?	월	일
27	벽화 마을이 있다고?	월	일
28	그래프로 사회를 알 수 있다고?	월	일
29	도시와 촌락이 친구가 되었다고?	월	일
30	박람회가 열린다고?	월	일
31	초콜릿 때문에 숲이 사라진다고?	월	일
32	김치 야구팀이 있다고?	월	일

지도는 읽는 거라고?

　지도는 지역의 모습을 간단하게 표현한 그림이에요. 실제 모습을 모두 그려 넣기는 어렵고, 그렇다고 글자로 써 놓으면 너무 빼곡할 거예요. 그래서 지도에는 기호를 사용하지요. 몇 가지 기호를 알아볼까요?

　논을 나타내는 기호는 잘라낸 벼의 밑동처럼 생겼어요. 과수원은 나뭇가지에 달린 열매처럼 생겼지요. 밤바다를 밝혀 주는 등대는 가운데 점이 있는 동그라미에 빛이 나는 것처럼 생겼어요.

▲논　　　　　　▲과수원　　　　　　▲등대

　우체국은 날쌘 제비처럼 생겼어요. 우리 조상들이 제비를 소식을 전해 주는 새로 생각했던 것을 표현한 것이지요. 학교는 사각형에 깃발이 꽂힌 것처럼 생겼고, 건물은 검은색 도형으로 표현하는데 보통 사각형이에요. 그렇지만 건물의 모양에 따라 ㄱ자나 ㄴ자 모양으로도 표현하지요.

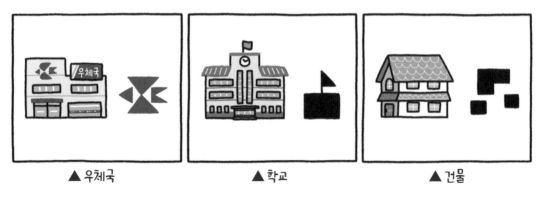

▲우체국　　　　　　▲학교　　　　　　▲건물

　이렇게 기호는 　　　　　　　　　　　정보를 나타내 줘요. 지도에 사용된 기호를 읽을 줄 알면 더 많은 정보를 얻을 수 있지요. 그래서 지도는 '보는 것'이 아니라 '읽는 것'이라고 한답니다.

1 빈칸에 알맞은 말을 넣어 설명을 완성하세요.

어휘력

보기

가까이   뜻   빈틈

빼곡하다 | 어떤 것으로 공간이 [ ][ ] 없이 차 있다.

기호 | 간단한 그림, 숫자, 문자 등으로 어떤 [ ] 을 나타낸 것.

밑동 | 식물의 줄기 중에서 뿌리 [ ][ ] 에 있는 부분.

2 [ ] 안에 들어갈 내용으로 알맞은 것에 O표 하세요.

이해력

❶ [논 | 밭] 을 나타내는 기호는 잘라낸 벼의 밑동처럼 생겼어요.

❷ 학교를 나타내는 기호는 사각형에 [깃털 | 깃발] 이 꽂힌 것처럼 생겼어요.

3 빈칸에 들어갈 내용으로 더 알맞은 것을 고르세요. (   )

추론 능력

> 이렇게 기호는
>
> 정보를 나타내 줘요.

① 쉽고 간단하게

② 어렵고 복잡하게

4 아래 지도를 제대로 읽은 친구의 번호를 쓰세요. (   )

사고력

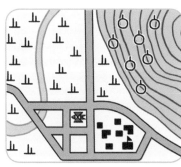

① 이 지역에는 등대가 있구나.

바빠독

② 이 지역은 학교 근처에 건물들이 모여 있구나.

바쁜냥

5 줄거리입니다. 빈칸에 들어갈 말을 골라 쓰세요.

내용 정리

> **보기**　　교훈　　제비　　정보　　기호　　등대

지도는 지역의 모습을 간단하게 표현하기 위해 □□ 를 사용해요.

↓

잘라낸 벼의 밑동처럼 생긴 것은 논, 나뭇가지에 달린 열매처럼 생긴 것은 과수원, 빛이 나는 동그라미처럼 생긴 것은 □□ 예요.

↓

□□ 처럼 생긴 것은 우체국, 사각형에 깃발이 꽂힌 것은 학교이지요. 검은색 사각형이나 ㄱ자, ㄴ자 모양으로 표현한 것은 건물이에요.

↓

기호를 읽을 줄 알면 지도에서 더 많은 □□ 를 얻을 수 있기 때문에 지도는 '보는 것'이 아니라 '읽는 것'이라고 한답니다.

6 파란색 글자를 바르게 고쳐 쓰세요.

맞춤법

☆ 날쎈 제비 →

☆ 밤바다를 밝혀 주는 등데 →

덕수궁을 지켜 낸 미국인이 있다고?

다음 글을 소리 내어 읽어 보세요.

전쟁 중에   덕수궁을 지켜 낸 미국인이 있어요. 바로 제임스 해밀턴 딜(James Hamillton Deal)이에요. 덕수궁은 고종 황제가 마지막까지 머물던 서울에 있는 조선 시대 궁궐이에요.

▲ 덕수궁

그는 한국 전쟁 때 우리나라를 돕기 위해 군인으로 왔어요. 그런데 덕수궁에 북한군이 머물며 숨어 지낸다는 소식이 들렸어요. 당시 제임스 해밀턴 딜 중위는 덕수궁을 폭파하라는 명령을 받았어요.

그러나 그는 고민이 되었어요. 단 몇 분 만에 많은 적을 손쉽게 물리칠 수는 있지만, 한 나라의 오랜 역사를 담은 문화재는 사라질 테니까요. 결국 그는 다른 군인들과 의논을 한 뒤, 북한군이 덕수궁을 빠져나오길 기다렸다가 공격했답니다.

그는 훗날 자신의 일기에 이렇게 썼어요.

"오늘날 덕수궁이 보존되고 있다는 사실!
나는 그것만으로도 흐뭇함과 자부심을 갖게 된다.
그날 그 시점에 내렸던 판단과 행동은
내가 살아 있는 한 결코 잊을 수 없다.[1]"

1) 출처: 『폭파 위기의 덕수궁』, 국방군사연구소(1996)

1 빈칸에 알맞은 말을 넣어 설명을 완성하세요.

어휘력

보기

만족   보람   부서짐

폭파	불이 일어나 갑자기 터지면서 ☐☐☐.
흐뭇하다	마음이 행복하고 ☐☐스럽다.
자부심	자신이 한 행동에 대해 ☐☐을 느낌.

2 ☐ 안에 들어갈 내용으로 알맞은 것에 O표 하세요.

이해력

① 덕수궁은 고종 황제가 | 마지막까지 : 처음에만 | 머물던 궁궐이에요.

② 제임스 해밀턴 딜 중위는 덕수궁을 | 보존 : 폭파 | 하라는 명령을 받았어요.

3 이야기를 생각하며 빈칸에 들어갈 내용을 고르세요. (   )

추론 능력

전쟁 중에
▇▇▇▇▇▇ 덕수궁을
지켜 낸 미국인이 있어요.

① 새롭게 고칠 뻔한
② 사라질 뻔한

4 제임스 해밀턴 딜에 대해 바르게 말한 친구의 번호를 쓰세요. (   )

사고력

① 적을 손쉽게
물리치려고 덕수궁을
폭파하지 않았구나!

바빠독

② 역사가 담긴 문화재를
보호하려고 덕수궁을
폭파하지 않았구나!

바쁘냥

5 줄거리입니다. 빈칸에 들어갈 말을 골라 쓰세요.

내용 정리

보기   여행   흐뭇함   덕수궁   전쟁   문화재

제임스 해밀턴 딜은 전쟁 중에 사라질 뻔했던 [　　　]을
지켜 낸 미국인이에요.

↓

한국 [　　] 중, 제임스 해밀턴 딜 중위는 숨어 지내는
북한군을 물리치기 위해 덕수궁을 폭파하라는 명령을 받았어요.

↓

그는 [　　　] 가 사라지는 게 고민이 되어 다른 군인들과 의논을 한 뒤,
북한군이 덕수궁을 빠져나오길 기다렸다가 공격했답니다.

↓

그는 훗날 자신의 일기에 덕수궁이 보존된 사실에 [　　　]과 자부심을
갖고 있으며, 그날 내렸던 판단과 행동을 결코 잊을 수 없다고 했어요.

6 파란색 글자를 바르게 고쳐 쓰세요.

맞춤법

☆ [손십게 물리칠] → [　　　　　　　　　]

☆ [덕수궁이 보존돼고] → [　　　　　　　　　]

교과 사회—대화문

벽화 마을이 있다고?

다음 글을 소리 내어 읽어 보세요.

앵커

언덕 위의 작은 동네가 벽화 마을로 변신했다고 합니다. 최엉뚱 기자! 현장 소식을 전해 주시죠.

최엉뚱 기자

알록달록하게 새 옷을 입은 유명한 △△ 벽화 마을에 나와 있습니다. 이곳 주민을 만나 보겠습니다. 안녕하세요? 마을에 어떻게 벽화가 그려졌나요?

주민

3년 전 주민들이 모여서 우리 마을을 활기차게 되살릴 방법을 고민했어요. 예술가들과 힘을 합쳐 마을의 벽면, 골목의 계단에 벽화를 그리면서부터 마을이 도시 미술관처럼 바뀌었답니다.

최엉뚱 기자

마을이 유명해지면서 생긴 문제는 없었나요?

주민

⬤⬤⬤⬤⬤⬤⬤⬤⬤⬤ 쓰레기와 소음 문제가 심각했어요. 그래서 쓰레기통을 곳곳에 두었어요. 주민들이 사는 곳이니 예의를 지켜 달라는 표지판도 설치했고요. 그러면서부터 많은 문제가 해결되었답니다.

최엉뚱 기자

마을을 되살리고 싶어 하는 다른 지역 주민들께 어떤 도움말을 주고 싶으신가요?

주민

나의 이익보다 마을 전체의 이익을 생각하면서 의견을 모은다면 분명 좋은 결과가 있을 것입니다.

최엉뚱 기자

네, 감사합니다. 지금까지 △△ 벽화 마을에서 전해 드렸습니다.

1 빈칸에 알맞은 말을 넣어 설명을 완성하세요.

시끄러운   시설   자리   보기

현장	어떤 일이 생긴 그 ☐☐.
소음	불쾌하고 ☐☐☐ 소리.
설치	필요한 도구나 장치, ☐☐ 등을 둠.

2 ☐ 안에 들어갈 내용으로 알맞은 것에 O표 하세요.

❶ 벽화 마을에는 마을의 벽면, │ 학교 │ 골목 │ 의 계단에 벽화가 그려져 있어요.

❷ 마을에는 주민들이 사는 곳이니 │ 예의를 │ 목숨을 │ 지켜 달라는
표지판이 있어요.

3 이야기를 생각하며 빈칸에 들어갈 내용을 고르세요. (   )

쓰레기와 소음 문제가
심각했어요.

① 방문하는 분들이 늘어나면서
② 방문하는 분들이 줄어들면서

4 뒤에 올 말로 알맞은 것을 고르세요. (   )

마을을 활기차게
되살리고 싶다면

① 자신의 이익만 생각하며 고집을 부려야 해요.
② 마을 전체의 이익을 생각하며 의견을
모아야 해요.

5 줄거리입니다. 빈칸에 들어갈 말을 골라 쓰세요.

[내용정리]

보기   이익   표지판   손해   벽화   미술관

앵커가 언덕 위의 작은 동네가 [ ] 마을로 변신했다는 소식을 전하며 기자에게 현장 소식을 부탁했어요.

⬇

기자의 질문에 주민은 마을을 활기차게 되살리려고 고민하다가 벽화를 그리게 되었으며, 그로 인해 마을이 [ ] 처럼 바뀌었다고 했어요.

⬇

마을이 유명해지면서 쓰레기와 소음 문제가 심각했지만, 쓰레기통과 [ ] 을 설치하면서 많은 문제가 해결되었다고도 했어요.

⬇

다른 지역 주민들에게 마을 전체의 [ ] 을 생각하면서 의견을 모으라는 도움말을 끝으로 소식은 마무리되었지요.

6 파란색 글자를 바르게 고쳐 쓰세요.

[맞춤법]

☆ 골목의 개단 → [ ]

☆ 예이를 지켜 달라 → [ ]

바빠 독해 28 그래프로 사회를 알 수 있다고?

다음 글을 소리 내어 읽어 보세요.

사랑이와 친구들은 우리나라의 출생아 수 변화 그래프를 보았어요. 그리고 그래프와 관련하여 가족과 사회에 대한 이야기를 나누었어요.

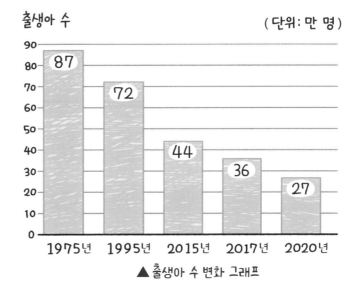

출생아 수 (단위: 만 명)

▲ 출생아 수 변화 그래프

사랑이

우리 아빠가 초등학교 다닐 때는 한 반에 55명이었대.

소망이

대학생인 큰집 언니가 초등학교 다닐 때는 한 반에 37명이었대.

믿음이

한 반의 학생 수가 줄어든 것은 출생아 수가 줄어든 까닭이야.

사랑이

그런데 왜 이렇게 출생아 수가 줄어드는 걸까?

소망이

아이를 낳고 기르는 부담이 커져서 그런 것 같아.

믿음이

맞아, 맞벌이인 집은 더 힘들어. 나는 어릴 적에 아예 할머니 집에서 살았어.

사랑이

국가와 사회가 도움을 줘야 할 것 같은데?

소망이

아기를 낳을 때 병원비를 국가가 도와준다고 들었어.

믿음이

아기가 태어나면 몇 개월 쉬게 해 주는 회사도 있대.

1 빈칸에 알맞은 말을 넣어 설명을 완성하세요.

보기

모두	책임	아기

출생아	세상에 태어난 ☐☐.
부담	어떤 자리에서 마땅히 해야 할 일이나 ☐☐.
맞벌이	부부 ☐☐가 직업을 가지고 돈을 버는 일.

2 ☐ 안에 들어갈 내용으로 알맞은 것에 O표 하세요.

❶ 우리나라의 출생아 수는 점점 │ 줄어들고 │ 늘어나고 │ 있어요.

❷ 아기가 태어나면 │ 하루 │ 몇 개월 │ 쉬게 해 주는 회사도 있어요.

3 이야기를 생각하며 빈칸에 들어갈 내용을 고르세요. (　　　)

맞벌이인 집은 더 힘들어. 나는 ▨▨▨▨▨▨ 어릴 적에 아예 할머니 집에서 살았어.

① 엄마만 일하니까

② 엄마, 아빠 둘 다 일하니까

4 뒤에 올 말로 알맞은 것을 고르세요. (　　　)

출생아 수가 줄어드는 문제를 해결하려면

① 국가와 사회가 아이를 낳고 기르는 데 도움을 줘야 해요.

② 국가와 사회가 외로운 노인들이 보살핌을 받도록 도움을 줘야 해요.

5 줄거리입니다. 빈칸에 들어갈 말을 골라 쓰세요.

내용 정리

> **보기**
>
> 국가   그래프   가정   기르는   출생아

사랑이와 친구들은 우리나라의 출생아 수 변화 [   ]를
보며 가족과 사회에 대한 여러 이야기를 나누었어요.

출생아 수 (단위: 만 명)
87 72 44 36 27
1975년 1995년 2015년 2017년 2020년

⬇

친구들은 초등학교 한 반 학생 수가 점점 줄어든 이야기를 하면서
그 까닭이 [   ] 수가 줄었기 때문이라는 것을 알게 되었어요.

⬇

친구들은 출생아 수가 줄어든 이유가 아이를 낳고
[   ] 부담이 커져서라고 추측했어요.

사랑이   소망이   믿음이

⬇

또한 출생아 수가 줄어드는 문제를 해결하기 위해 [   ]와 사회가
어떤 도움을 주고 있는지에 대해서도 이야기를 나누었어요.

6 파란색 글자를 바르게 고쳐 쓰세요.

맞춤법

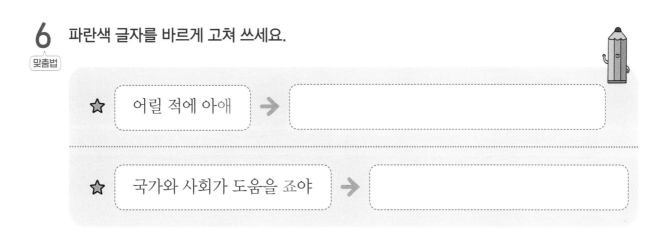

☆ 어릴 적에 아애 → [   ]

☆ 국가와 사회가 도움을 죠야 → [   ]

도시와 촌락이 친구가 되었다고?

다음 글을 소리 내어 읽어 보세요.

사랑이가 사는 도시의 돈가스 마을은 촌락에 있는 치즈 마을과 ▨▨▨▨▨▨.
돈가스 마을은 치즈 마을 사람들이 돈가스 마을에 직거래 장터를 열 수 있도록
도와줘요. 치즈 마을은 매년 치즈 체험 행사에 돈가스 마을 사람들을 초대해요.

돈가스 마을과 치즈 마을의 친구 맺기

돈가스 마을 사랑이네와 치즈 마을 민서네는 여름 방학 때 서로 교류도 하고
편지도 주고받았지요.

민서네 가족에게
체험 행사에 초대해 주셔서 감사
해요. 젖소에게 먹이를 주고, 피자
를 직접 만들어 보는 체험이 정말
즐거웠어요. 앞으로도 치즈 마을
의 치즈를 사랑할게요.

△월 △일
사랑이 드림

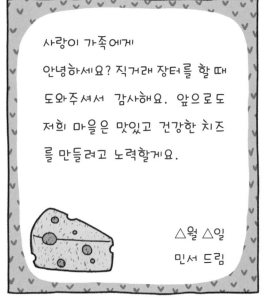

사랑이 가족에게
안녕하세요? 직거래 장터를 할 때
도와주셔서 감사해요. 앞으로도
저희 마을은 맛있고 건강한 치즈
를 만들려고 노력할게요.

△월 △일
민서 드림

* 서울 월계동과 임실 치즈 마을의 자매 결연에서 얻은 소재입니다.

1 빈칸에 알맞은 말을 넣어 설명을 완성하세요.

어휘력

보기: 직접   자연   서로

촌락	농촌, 어촌, 산지촌처럼 주로 [ ][ ]환경을 이용하여 살아가는 지역.
직거래	살 사람과 팔 사람이 [ ][ ] 거래함.
교류	[ ][ ] 생각과 문화를 나누고 도움을 주고받음.

2 ⬜ 안에 들어갈 내용으로 알맞은 것에 O표 하세요.

이해력

❶ 돈가스 마을은 치즈 마을이 직거래 | 장터 : 운동회 | 를 열 수 있도록 도와줘요.

❷ 사랑이는 민서네에게 초대받아 | 돼지 : 젖소 | 에게 먹이를 주는 체험을 했어요.

3 이야기를 생각하며 빈칸에 들어갈 내용을 고르세요. (   )

추론 능력

사랑이가 사는 도시의
돈가스 마을은 촌락에 있는
치즈 마을과
⬚⬚⬚⬚⬚⬚ .

① 친구가 되었어요.
② 적이 되었어요.

4 이 글을 읽고 바르게 말한 친구의 번호를 쓰세요. (   )

사고력

① 바빠독

촌락 사람들만
도시 사람들을 도와주며
살고 있구나.

② 바쁘냥

도시와 촌락의 사람들이
서로 도움을 주고받으며
살고 있구나.

5 줄거리입니다. 빈칸에 들어갈 말을 골라 쓰세요.

내용 정리

보기   장사   체험   장터   촌락   교류

도시에 있는 돈가스 마을은 [　][　]에 있는 치즈 마을과 서로 돕기도 하고 초대도 해요.

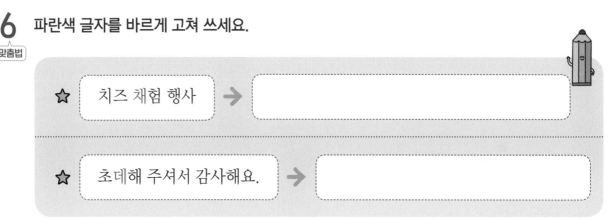

돈가스 마을과 치즈 마을의 친구 맺기

↓

돈가스 마을 사랑이네 집과 치즈 마을 민서네 집은 여름 방학 때 서로 [　][　]도 하고 편지도 주고받았지요.

↓

사랑이는 민서네 가족에게 [　][　] 행사에 초대해 줘서 감사하다고 하며, 앞으로도 치즈 마을의 치즈를 사랑하겠다는 편지를 보냈어요.

↓

민서는 사랑이네 가족에게 직거래 [　][　]에서 도와주어 감사하며 앞으로도 맛있고 건강한 치즈를 만들겠다는 편지를 보냈어요.

6 파란색 글자를 바르게 고쳐 쓰세요.

맞춤법

☆ 치즈 채험 행사 → [　　　　　　]

☆ 초데해 주셔서 감사해요. → [　　　　　　]

다음 글을
소리 내어
읽어 보세요.

바빠 독해 30 박람회가 열린다고?

사랑이는 아파트 게시판에 붙은 광고지를 보았어요. 시청 마당에서 박람회가
열린다는 내용이었지요.

철원 쌀로
만든
'사르르 쌀 과자'

충주 사과로
만든
'아삭아삭 사과 파이'

지역 대표 식품
한마당 축제

맛있는 간식을 먹으며
지역 경제 살리기!

천안 호두로
만든
'촉촉한 호두과자'

상주 곶감으로
만든
'쫀득쫀득 곶감 잼'

금산 인삼으로
만든
'만수무강 인삼 차'

완도 김으로
만든
'오도독오도독 김 과자'

철원
천안
충주
금산
상주
완도

• 장소: 시청 마당   • 일시: △월 △일 ~ △일, 오전 10시 ~ 오후 6시

사랑이는   지도를 보며 위치도 확인해 보았어요.
그리고 그동안 모아 둔 용돈으로 간식을 살 생각에 빙긋이 미소를 띠었어요.

1 빈칸에 알맞은 말을 넣어 설명을 완성하세요.

어휘력

보기

깨무는   오래   알리고

박람회	여러 물품을 [　][　][　] 팔려고, 모아서 보여 주는 행사.
만수무강	아무런 힘든 일 없이 아주 [　][　] 삶.
오도독오도독	작고 단단한 것을 여러 번 [　][　][　] 소리나 모양.

2 [　] 안에 들어갈 내용으로 알맞은 것에 O표 하세요.

이해력

❶ 충주 지역 대표 식품은 [사과예요 | 김이에요].

❷ 지도를 보면 철원이 금산보다 [아래쪽 | 위쪽]에 있어요.

3 이야기를 생각하며 빈칸에 들어갈 내용을 고르세요. (　　)

추론 능력

사랑이는

▓▓▓▓▓▓▓▓▓▓▓

지도를 보며 위치도 확인해 보았어요.

① 시청으로 가는 길을 보여 주는
② 각 지역을 한눈에 보여 주는

4 광고지를 보고 바르게 말한 친구의 번호를 쓰세요. (　　)

사고력

①  지역을 대표하는 상품으로
간식을 만들었구나.

바빠독

② 모두 외국에서 만든
간식이구나.

바쁘냥

5 줄거리입니다. 빈칸에 들어갈 말을 골라 쓰세요.

내용 정리

보기　　　완도　　　박람회　　　천안　　　지도　　　전시회

사랑이는 지역 대표 식품 [　][　] 가 열린다는 광고지를 보았어요.
맛있는 간식도 사고 지역 경제도 살리자는 내용이었지요.

↓

철원 쌀로 만든 쌀 과자, 충주 사과로 만든 사과 파이,
[　][　] 호두로 만든 호두과자가 소개되었어요.

↓

상주 곶감으로 만든 곶감 잼, 금산 인삼으로 만든 인삼 차,
[　][　] 김으로 만든 김 과자도 소개되었어요.

↓

사랑이는 [　][　] 에서 각 지역의 위치를 확인해 본 뒤 모아둔
용돈으로 간식을 살 생각에 미소를 띠었어요.

6 파란색 글자를 바르게 고쳐 쓰세요.

맞춤법

☆ 한마당 축재 → [　　　　　　　　　　　]

☆ 빙긋이 미소를 뛰었어요. → [　　　　　　　　　　　]

초콜릿 때문에 숲이 사라진다고?

다음 글을 소리 내어 읽어 보세요.

우리는 물건을 싸게 사면 똑똑한 소비를 했다고 생각해요. 그런데 과연 늘 그럴까요? 내가 산 값싼 초콜릿 때문에 숲이 파괴되고 있다는 걸 알면 생각이 달라질 거예요.

초콜릿은 카카오로 만들어요. 초콜릿 공장은 더 큰 이득을 남기려고 값싼 카카오를 찾지요. 카카오 농장 입장에서는 카카오를 많이 길러야만 카카오를 싸게 팔 수 있어요.

그러다보니 농장 주인들은 불법으로 숲의 나무를 베어 농장을 넓혔어요. 아프리카의 코트디부아르에서는 이 문제가 아주 심각해요.
　　　　　　　　　　　　　곧 코트디부아르 숲의 대부분이 사라질 거라고 해요.

코트디부아르

▲ 대량 재배된 카카오 열매

물건 값이 싸다고 무턱대고 좋아할 일은 아니에요.

조금 더 비싼 가격에 물건을 사더라도 환경을 보호할 수 있다면, 그게 진정으로 똑똑한 소비랍니다

환경을 보호하는 소비
= 똑똑한 소비!

1 빈칸에 알맞은 말을 넣어 설명을 완성하세요.

어휘력

보기

마구   어긋남   내는

소비 : 생활에 필요한 것을 사기 위해 돈을 [ ] 것.

불법 : 법에 맞지 않고 [ ].

무턱대고 : 잘 생각해 보지 않고 [ ], 다짜고짜.

2 [ ] 안에 들어갈 내용으로 알맞은 것에 O표 하세요.

이해력

❶ 초콜릿 공장은 더 큰 이득을 남기려고 [비싼 | 값싼] 카카오를 찾아요.

❷ 농장 주인들은 불법으로 숲의 나무를 베어 농장을 [넓혀요 | 좁혀요].

3 이야기를 생각하며 빈칸에 들어갈 내용을 고르세요. (   )

추론 능력

곧 코트디부아르 숲의
대부분이 사라질 거라고 해요.

① 지금처럼 나무를 벤다면
② 지금처럼 나무를 심는다면

4 똑똑한 소비에 대해 바르게 말한 친구의 번호를 쓰세요. (   )

사고력

① 환경은 신경 쓰지 않고 값싼 물건만 찾는 게 똑똑한 소비야.
바빠독

② 물건 값만 생각하지 말고 환경도 생각하는 게 똑똑한 소비야.
바쁘냥

5 줄거리입니다. 빈칸에 들어갈 말을 골라 쓰세요.
내용 정리

> **보기**
>
> 사람   나무   소비   환경   농장

우리는 물건을 싸게 사면 똑똑한 [　　] 를 했다고 생각하지만 값싼 초콜릿 때문에 숲이 파괴되고 있는 걸 알면 생각이 달라질 거예요.

↓

초콜릿 공장은 더 큰 이득을 남기려고 값싼 카카오를 찾는데, 카카오 [　　] 은 카카오를 많이 길러야만 카카오를 싸게 팔 수 있어요.

↓

그러다보니 농장 주인들은 불법으로 [　　] 를 베어 농장을 넓히지요. 코트디부아르는 이 문제가 심각해서 곧 숲의 대부분이 사라질 거라고 해요.

↓

조금 더 비싼 가격에 물건을 사더라도 [　　] 을 보호하는 소비가 진정으로 똑똑한 소비랍니다.

환경을 보호하는 소비 = 똑똑한 소비!

6 파란색 글자를 바르게 고쳐 쓰세요.
맞춤법

☆ 숲이 파괘되고 있다. → [　　　　　]

☆ 숲의 나무를 배다. → [　　　　　]

32 김치 야구팀이 있다고?

다음 글을
소리 내어
읽어 보세요.

바쁜 초등학생을 위한 빠른 신문 [바빠 신문]

미국 프로야구팀, 팀 이름에 '김치' 넣어

[바빠 신문] 입력: 20△△년 △월 △일
최엉뚱 기자(funnychio@bappnnew.com)

미국의 한 프로야구팀이 팀 이름을 '김치'가 들어가는 이름으로 바꿔 화제가 되었다. ○○시의 △△ 프로야구팀은 "7월 16일 한국 문화유산의 밤을 기념하기 위해 그 날 하루 동안 팀 이름을 '○○ 김치'로 바꾼다."라고 밝혔다.

주황색 유니폼 윗도리 앞면에는 한글로 큼지막이 '김치'라고 쓰여 있다. 뒷면은 더 흥미롭다. 각 선수들의 등번호 위에 빨간 고추 양념이 묻은 배추가 그려져 있다.

○○시에는 지난 2005년 한국 자동차 회사의 공장이 만들어졌다. 그 뒤로 ○○시에 이사 온 한국인 수가 크게 늘었다. △△ 프로야구팀은 "김치가   이런 행사를 하게 되었다."라고 설명했다. 또한 이 지역에 사는 한국인들과 더욱 친해지고 싶다는 바람도 전했다.

* 실제 도시 이름은 '몽고메리'이고, 야구팀 이름은 '비스키츠'예요.

1 빈칸에 알맞은 말을 넣어 설명을 완성하세요.

어휘력

보기
크게   똑같이   이야깃거리

화제	관심 받고 있는 ☐☐☐☐☐.
유니폼	단체 경기 선수들이 ☐☐ 입는 운동복.
큼지막이	꽤 ☐☐.

2 ☐ 안에 들어갈 내용으로 알맞은 것에 O표 하세요.

이해력

❶ △△ 프로 [야구 | 농구] 팀은 하루 동안 팀 이름을 '○○ 김치'로 바꿨다.

❷ 유니폼 윗도리 [앞면 | 뒷면] 에는 한글로 '김치'라고 쓰여 있다.

3 이야기를 생각하며 빈칸에 들어갈 내용을 고르세요. (   )

추론 능력

△△ 프로야구팀은 "김치가 ▒▒▒▒▒▒▒ 이런 행사를 하게 되었다."라고 설명했다.

① 한국의 문화를 잘 보여 주어서

② 미국의 문화를 잘 보여 주어서

4 기사를 보고 알맞은 말을 한 친구의 번호를 쓰세요. (   )

사고력

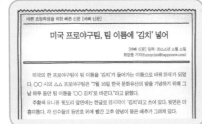

① 다른 문화를 이해하고 존중하려고 노력하는구나.

바빠독

② 다른 문화를 받아들이지 못하고 차별하려는 거구나.

바쁘냥

112

5 줄거리입니다. 빈칸에 들어갈 말을 골라 쓰세요.

> 보기   미국인   배추   김치   한국인   자동차

미국 ○○시의 △△ 프로야구팀이 하루 동안 팀 이름을 '○○ [　|　]'로
바꿔 화제가 되었다.

⬇

유니폼 윗도리 앞면에는 한글로 큼지막이 '김치'라고 쓰여 있고, 뒷면은 등번호
위에 빨간 고추 양념이 묻은 [　|　]가 그려져 있다.

⬇

○○시에는 지난 2005년 한국 [　|　|　] 회사의 공장이 만들어지면서
이사 온 한국인 수가 크게 늘었다.

⬇

△△ 프로야구팀은 이런 행사를 하게 된 이유를 설명하고 [　|　|　]들과
더욱 친해지고 싶다는 바람도 전했다.

6 파란색 글자를 바르게 고쳐 쓰세요.

☆ 이름으로 바꺼 ➡ [　　　　　　　]

☆ 유니폼 웃도리 ➡ [　　　　　　　]

 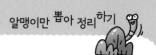

1 이야기의 내용과 어울리는 문장끼리 알맞게 연결하세요.

지도의 기호를
읽을 줄 알면

똑똑한 소비를 할 수 있어요.

마을을 되살리려면

더 많은 정보를 얻을 수 있어요.

물건 값과 환경을
함께 생각하면

서로 도움을 주고받아요.

도시와 촌락은
교류를 하며

마을 전체의 이익을 생각하고
의견을 모아야 해요.

2 <보기>의 말을 낱말 판에서 찾아 묶어 보세요.

보기
| 자부심 | 현장 | 맞벌이 | 화제 | 교류 |

천	확	채	않	현	훈	퍼
교	쿄	쿠	츄	장	쓸	튜
류	뤼	히	화	괜	뷔	맞
됴	규	네	제	녀	슈	벌
자	부	심	못	겨	뷰	이

바쁜 초등학생을 위한

초등학생을 위한

빠른 독해 정답

4단계
초등 3~4학년

① 정답을 확인한 후 틀린 문제는 ☆표를 쳐 놓으세요.

② 그리고 그 문제들만 다시 풀어 보는 습관을 들이면 최고!

✏️ 내가 틀린 문제를 확인하는 습관을 들이면
아무리 바쁘더라도 공부 실력을 키울 수 있어요!

01
13~14쪽

1 교훈, 사납게, 옷

2 ① 깨돌이 ② 수박

3 ①

4 ②

5 태권도장 ➡ 고래 ➡ 물웅덩이 ➡ 새우

6 ①, ②

02
16~17쪽

1 눈동자, 답답, 크게

2 ① 돌잔치에서 받은 ② 깨돌이

3 ②

4 ②

5 돌 ➡ 커 ➡ 떡 ➡ 남

6 ②, ①

03
19~20쪽

1 화, 소리, 못하게

2 ① 마지막 ② 콩순이

3 ①

4

5 색종이 ➡ 못난이 ➡ 가는 ➡ 천재

6 ①, ②

04
22~23쪽

1 툭하면, 다물다, 멈추다

2 ① 유치원생 ② 주먹으로

3 ①

4

5 꼼짝없이 ➡ 발가락 ➡ 지렁이 ➡ 사과

6 ①, ②

05
25~26쪽

1 1. 매번, 토끼, 순서

2 ① 줄넘기 ② 거짓

3 ②

4 ①

5 줄넘기 ➡ 배꼽 ➡ 올챙이 ➡ 백 개

6 ①, ②

06
28~29쪽

1 야단, 올려, 주워

2 ① 그림만 ② 종이칼을

3 ②

4 ①

5 책 ➡ 모기 ➡ 파리채 ➡ 칼

6 ①, ②

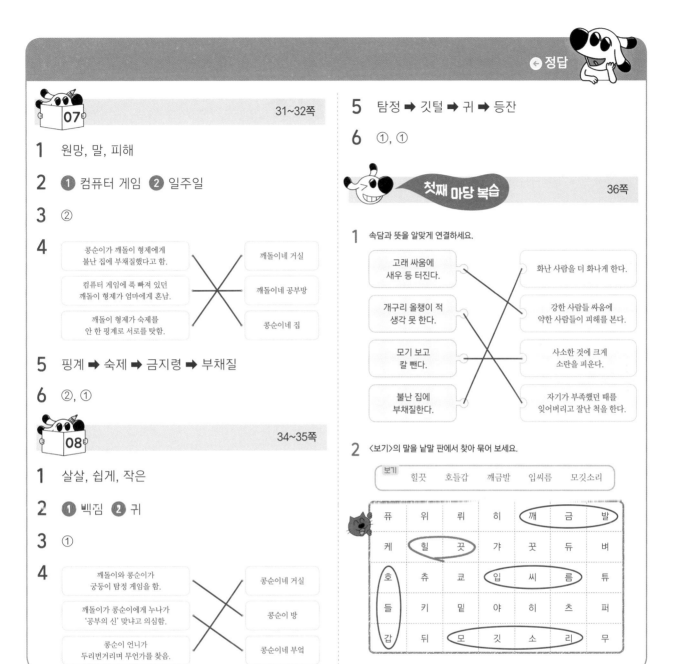

07 31~32쪽

1 원망, 말, 피해

2 ❶ 컴퓨터 게임 ❷ 일주일

3 ②

4

콩순이가 깨돌이 형제에게 불난 집에 부채질했다고 함.		깨돌이네 거실
컴퓨터 게임에 푹 빠져 있던 깨돌이 형제가 엄마에게 혼남.		깨돌이네 공부방
깨돌이 형제가 숙제를 안 한 핑계로 서로를 탓함.		콩순이네 집

5 핑계 ➡ 숙제 ➡ 금지령 ➡ 부채질

6 ②, ①

08 34~35쪽

1 살살, 쉽게, 작은

2 ❶ 빅짐 ❷ 귀

3 ①

4

깨돌이와 콩순이가 궁둥이 탐정 게임을 함.		콩순이네 거실
깨돌이가 콩순이에게 누나가 '공부의 신' 맞냐고 의심함.		콩순이 방
콩순 언니가 두리번거리며 무언가를 찾음.		콩순이네 부엌

5 탐정 ➡ 깃털 ➡ 귀 ➡ 등잔

6 ①, ①

첫째 마당 복습 36쪽

1 속담과 뜻을 알맞게 연결하세요.

고래 싸움에 새우 등 터진다.		화난 사람을 더 화나게 한다.
개구리 올챙이 적 생각 못 한다.		강한 사람들 싸움에 약한 사람들이 피해를 본다.
모기 보고 칼 뺀다.		사소한 것에 크게 소란을 피운다.
불난 집에 부채질한다.		자기가 부족했던 때를 잊어버리고 잘난 척을 한다.

2 <보기>의 말을 낱말 판에서 찾아 묶어 보세요.

보기   힐끗   호들갑   깨금발   입씨름   모깃소리

퓨	위	뤼	히	깨	금	발
케	힐	끗	야	꿋	듀	벼
호	츄	쿄	입	씨	름	튜
들	키	밑	야	히	츠	퍼
갑	뒤	모	깃	소	리	무

다섯 고개 놀이

호 박사

나는 누구일까요? 첫째 마당에 나온 낱말이에요.

1. 나는 수염이 길어요.

2. 발은 여럿이지요.

3. 나는 젊을 때도 등이 굽어 있어요.

4. 나처럼 불편한 자세로 자는 사람들도 있지요.

5. 내 이름 뒤에 '깡'을 붙인 과자도 있답니다.

| 人 | ㅇ |

정답 사해

09 39~40쪽

1 전체, 놀랍고, 돌

2 ❶ 보석 ❷ 단단한

3 ②

4 ②

5 암석 ➡ 수액 ➡ 호박 ➡ 전체

6 어떤∨모습이, 옛날∨생물을

 10 42~43쪽

1 필요, 껍질, 닫음

2 ❶ 빛 ❷ 보라색

3 ②

4 ①

5 씨 ➡ 수목원 ➡ 투탕카멘 ➡ 싹

6 세∨가지∨조건, 틔운∨것이지요

 11 45~46쪽

1 맞춤, 재는, 그만큼

2 ❶ 끌어당기는 ❷ 적게

3 ②

4 ①

5 측정 ➡ 중력 ➡ 장소 ➡ 적게

6 먹는∨양, 육분의∨일

 12 48~49쪽

1 조사, 우주, 조용한

2 ❶ 어둡게 ❷ 물이

3 ①

4 ②

5 망원경 ➡ 어둡게 ➡ 케플러 ➡ 앞면

6 진짜∨모습, 보이는∨곳

 13 51~52쪽

1 넓적, 원인, 생긴

2 ❶ 손바닥 ❷ 사막

3 ①

4 ①, ③

5 부채 ➡ 줄기 ➡ 수분 ➡ 적응

6 저장되어∨있어, 뺏기게∨돼

 14 54~55쪽

1 공간, 기름, 안

2 ❶ 다른 ❷ 높이

3 ②

4 ②

5 실험 ➡ 높이 ➡ 무게 ➡ 부피

6 꽁꽁∨얼린, 닦은∨뒤에

15   57~58쪽

1 곧게, 상태, 겹

2 ❶ 사이에 ❷ 커져요

3 ①

4

5 직진 ➡ 손 ➡ 달팽이 ➡ 손전등

6 할∨수∨있어요, 끈∨뒤

16   60~61쪽

1 굵고, 한, 바위

2 ❶ 화강암 ❷ 할아버지

3 ①

4 ①

5 마그마 ➡ 현무암 ➡ 돌하르방 ➡ 불상

6 여러∨종류가, 툭∨튀어나온

둘째 마당 복습   62쪽

1 이야기의 내용과 어울리는 문장끼리 알맞게 연결하세요.

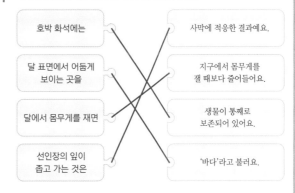

호박 화석에는	→	사막에 적응한 결과예요.
달 표면에서 어둡게 보이는 곳을		지구에서 몸무게를 잴 때보다 줄어들어요.
달에서 몸무게를 재면		생물이 통째로 보존되어 있어요.
선인장의 잎이 좁고 가는 것은		'바다'라고 불러요.

2 〈보기〉의 말을 낱말 판에서 찾아 묶어 보세요.

보기   공개   조절   측정   탐사   직진

탸	읽	티	재	츠	탐	사
공	개	료	없	뉴	무	뷰
가	엮	머	녀	드	벼	지
셔	츄	조	절	걔	괜	진
히	챱	뤼	궤	측	정	뷔

다섯 고개 놀이

호 박사

나는 누구일까요? 둘째 마당에 나온 낱말이에요.

1. 여러분은 나를 한낮에 더 잘 볼 수 있어요.
2. 밤에 가로등 밑에서도 볼 수 있지요.
3. 손으로 나를 만드는 놀이도 있어요.
4. 빛이 없어지면 나도 사라지지요.
5. 나는 여러분을 졸졸 쫓아다녀요.

| ㄱ | ㄹ | ㅈ |

정답 그림자

17   65~66쪽

1   소리, 환한, 춤

2   ❶ 청각   ❷ 평화를

3   ①

4   ②

5   수어 ➡ 즐겁다 ➡ 청각 ➡ 감동

6   줄인, 주린

18   68~69쪽

1   물음, 원래, 적극적

2   ❶ 옆에   ❷ 길어져요

3   ②

4   ①

5   병기 ➡ 공부 ➡ 중학교 ➡ 의욕

6   갈렸어요, 갈았어요

19   71~72쪽

1   투표, 고르는, 마침

2   ❶ 선정된 이후에   ❷ 결과 발표를

3   ①

4   ②

5   실천 ➡ 벌금 ➡ 표결 ➡ 폐회

6   마치도록, 맞혔다

20   74~75쪽

1   이루고자, 힘든, 합쳐서

2   ❶ 안 나와요   ❷ 아자

3   ①

4 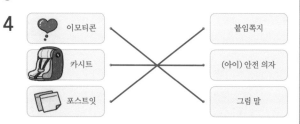

5   사전 ➡ 맨주먹 ➡ 직장인 ➡ 다듬은

6   잇지, 잊지

21   77~78쪽

1   공손히, 걷는, 꾸짖는

2   ❶ 처음으로   ❷ 보드랍게

3   ②

4   ②

5   방정환 ➡ 목욕 ➡ 즐겁게 ➡ 행복한

6   시켜라, 식힌

22   80~81쪽

1   친하게, 선거, 직접

2   ❶ 없는   ❷ 만났어요

3   ②

4   ①

5   링컨 ➡ 오빠 ➡ 수염 ➡ 당선

6   바라는, 바랬다

23   83~84쪽

1 소개, 평범하지, 진실하다

2 ❶ 오른쪽 ❷ 국자를

3 ②

4 ②

5 독일 ➡ 하나 ➡ 전쟁 ➡ 행복

6 읽었다, 익은

24   86~87쪽

1 따짐, 빨아들이는, 반드시

2 ❶ 프랑스 ❷ 반대한다는

3 ①

4 ②

5 급식 ➡ 단백질 ➡ 분명하게 ➡ 불필요

6 없다, 업고

 셋째 마당 복습   88쪽

1 이야기의 내용과 어울리는 문장끼리 알맞게 연결하세요.

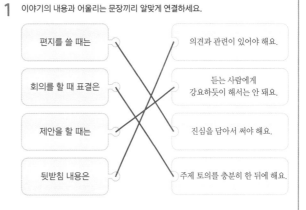

편지를 쓸 때는	의견과 관련이 있어야 해요.
회의를 할 때 표결은	듣는 사람에게 강요하듯이 해서는 안 돼요.
제안을 할 때는	진심을 담아서 써야 해요.
뒷받침 내용은	주제 토의를 충분히 한 뒤에 해요.

2 〈보기〉의 말을 낱말 판에서 찾아 묶어 보세요.

보기   청각   의욕   채택   책망   당선

료	뷰	겨	뉴	책	망	뷰
겨	뱃	채	택	뉴	많	곱
의	욕	갈	티	츠	까	ㄸ
물	튜	야	제	츄	당	퓨
티	청	각	츠	키	선	래

 다섯 고개 놀이

호 박사

나는 누구일까요? 셋째 마당에 나온 낱말이에요.

1. 나는 머리가 좀 큽니다.

2. 다리는 하나밖에 없어요.

3. 뒤집개가 나의 절친한 친구입니다.

4. 숟가락은 아무리 노력해도 나를 이길 수 없어요.

5. 엄마들은 자꾸 내 머리에 국을 담고 호호 불어요.

ㄱ ㅈ

 정답 국자

25 91~92쪽

1 빈틈, 뜻, 가까이

2 ❶ 논 ❷ 깃발

3 ①

4 ②

5 기호 ➡ 등대 ➡ 제비 ➡ 정보

6 날쌘 제비, 밤바다를 밝혀 주는 등대

※ 파란색 글자만 써도 정답입니다.

26 94~95쪽

1 부서짐, 만족, 보람

2 ❶ 마지막까지 ❷ 폭파

3 ②

4 ②

5 덕수궁 ➡ 전쟁 ➡ 문화재 ➡ 흐뭇함

6 손쉽게 물리칠, 덕수궁이 보존되고

27 97~98쪽

1 자리, 시끄러운, 시설

2 ❶ 골목 ❷ 예의를

3 ①

4 ②

5 벽화 ➡ 미술관 ➡ 표지판 ➡ 이익

6 골목의 계단, 예의를 지켜 달라

28 100~101쪽

1 아기, 책임, 모두

2 ❶ 줄어들고 ❷ 몇 개월

3 ②

4 ①

5 그래프 ➡ 출생아 ➡ 기르는 ➡ 국가

6 어릴 적에 아예, 국가와 사회가 도움을 줘야

29 103~104쪽

1 자연, 직접, 서로

2 ❶ 장터 ❷ 젖소

3 ①

4 ②

5 촌락 ➡ 교류 ➡ 체험 ➡ 장터

6 치즈 체험 행사, 초대해 주셔서 감사해요.

30 106~107쪽

1 알리고, 오래, 깨무는

2 ❶ 사과예요 ❷ 위쪽

3 ②

4 ①

5 박람회 ➡ 천안 ➡ 완도 ➡ 지도

6 한마당 축제, 빙긋이 미소를 띠었어요.

31 109~110쪽

1 내는, 어긋남, 마구

2 ❶ 값싼 ❷ 넓혀요

3 ①

4 ②

5 소비 ➡ 농장 ➡ 나무 ➡ 환경

6 숲이 파괴되고 있다., 숲의 나무를 베다.

32 112~113쪽

1 이야깃거리, 똑같이, 크게

2 ❶ 야구 ❷ 앞면

3 ①

4 ①

5 김치 ➡ 배추 ➡ 자동차 ➡ 한국인

6 이름으로 바꿔, 유니폼 윗도리

넷째 마당 복습 114쪽

1 이야기의 내용과 어울리는 문장끼리 알맞게 연결하세요.

지도의 기호를 읽을 줄 알면	똑똑한 소비를 할 수 있어요.
마을을 되살리려면	더 많은 정보를 얻을 수 있어요.
물건 값과 환경을 함께 생각하면	서로 도움을 주고받아요.
도시와 촌락은 교류를 하며	마을 전체의 이익을 생각하고 의견을 모아야 해요.

2 <보기>의 말을 낱말 판에서 찾아 묶어 보세요.

보기 자부심 현장 맞벌이 화제 교류

천	확	채	않	현	훈	퍼
교	쿄	쿠	츄	장	쓸	튜
르	리	치	하	걔	비	마
됴	규	네	제	녀	슈	벌
자	부	심	못	겨	뷰	이

다섯 고개 놀이

호 박사

나는 누구일까요? 넷째 마당에 나온 낱말이에요.

1. 나도 국자처럼 다리가 하나입니다.

2. 키가 좀 큰 편이에요.

3. 여러분이 나를 보려면 바닷가로 와야 해요.

4. 나는 주로 밤에 일하지요.

5. 나는 배들의 길잡이랍니다.

ㄷ ㄷ

정답 등대

1-2 단계
1~2 학년

3-4 단계
3~4 학년

5-6 단계
5~6 학년

비문학 지문도 재미있게 읽을 수 있어요!

바빠 독해 1~6단계

각 권 9,800원

- **초등학생이 직접 고른 재미있는 이야기들!**
  - 연구소의 어린이가 읽고 싶어 한 흥미로운 이야기만 골라 담았어요.
  - 1단계 | 이솝우화, 과학 상식, 전래동화, 사회 상식
  - 2단계 | 이솝우화, 과학 상식, 전래동화, 사회 상식
  - 3단계 | 탈무드, 교과 과학, 생활문, 교과 사회
  - 4단계 | 속담 동화, 교과 과학, 생활문, 교과 사회
  - 5단계 | 고사성어, 교과 과학, 생활문, 교과 사회
  - 6단계 | 고사성어, 교과 과학, 생활문, 교과 사회

- **읽다 보면 나도 모르게 교과 지식이 쑥쑥!**
  - 다채로운 주제를 읽다 보면 초등 교과 지식이 쌓이도록 설계!
  - 초등 교과서(국어, 사회, 과학)와 100% 밀착 연계돼 학교 공부에 도 직접 도움이 돼요.

- **분당 영재사랑 연구소 지도 비법 대공개!**
  - 종합력, 이해력, 추론 능력, 분석력, 사고력, 문법까지 한 번에 OK!
  - 초등학생 눈높이에 맞춘 수능형 문항을 담았어요!

- **초등학교 방과 후 교재로 인기!**
  - 아이들의 눈을 번쩍 뜨게 할 만한 호기심 넘치는 재미있고 유익한 교재!
  - (남상 초등학교 방과 후 교사, 동화작가 강민숙 선생님 추천)

16년간 어린이들을 밀착 지도한 호사라 박사의 독해력 처방전!

영재 교육 선생님들의 선생님!
호사라 박사

"초등학생 취향 저격! 집에서도 모든 어린이가 쉽게 문해력을 키울 수 있는 즐거운 활동을 선별했어요!"

★ 서울대학교 교육학 학사 및 석사
★ 버지니아 대학교(University of Virginia) 영재 교육학 박사

분당에 영재사랑 교육연구소를 설립하여 유년기(6세~13세) 영재들을 위한 논술, 수리, 탐구 프로그램을 16년째 직접 개발하며 수업을 진행하고 있어요.

바빠 초등 속담 + 따라 쓰기 | 12,000원

속담 뜻
알기

글감을 소리
내어 읽기

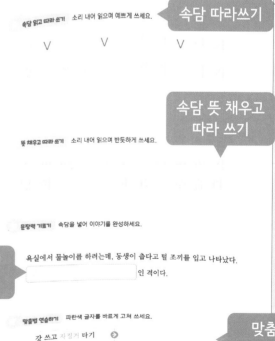

속담 따라쓰기

속담 뜻 채우고
따라 쓰기

문장력
기르기

맞춤법
연습은 덤!

호 박사

바빠 초등 사자성어 + 따라 쓰기도 있어요!

바빠 시리즈 초등 영어 교재 한눈에 보기

	유아 ~ 취학 전	초등 1·2학년
알파벳/파닉스	7살 첫 영어-알파벳 ABC 7살 첫 영어-파닉스 파닉스 1등 채널 비비쌤 강의 전체 제공	바쁜 초등학생을 위한 빠른 알파벳 쓰기 바쁜 초등학생을 위한 빠른 파닉스 1, 2
단어		바쁜 초등학생을 위한 빠른 사이트 워드 1, 2 바쁜 초등학생을 위한 빠른 영단어 스타터 1, 2
리딩		바빠 초등 파닉스 리딩 1, 2
문법	수업 시간에 손을 번쩍!	

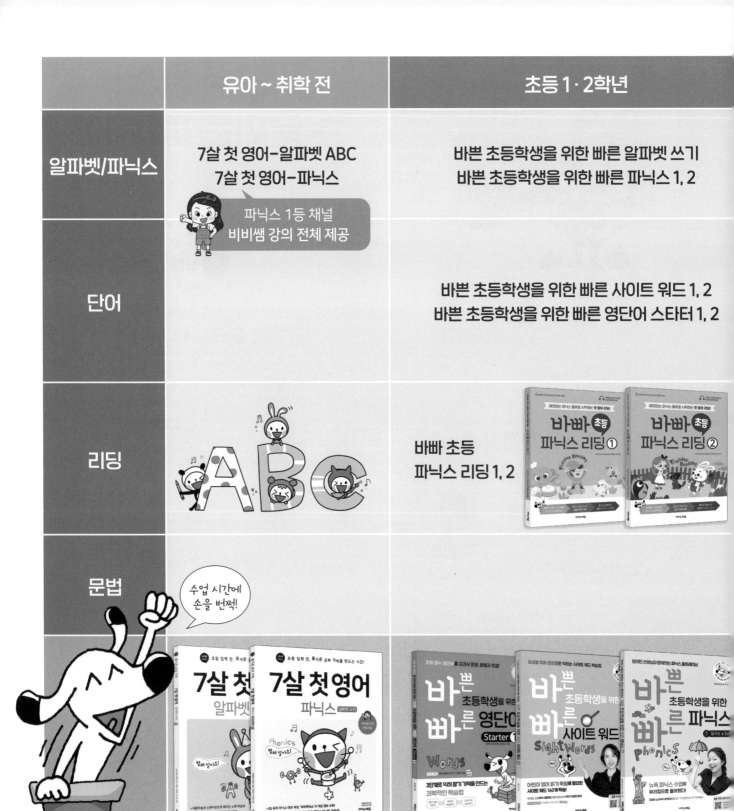

바쁜 친구들이 즐거워지는
빠른 학습법!

초등 3 · 4학년	초등 5 · 6학년

바쁜 3·4학년을 위한 빠른 영단어

바빠 초등 필수 영단어

영어동화 100편:
명작동화 / 과학동화 / 위인동화

바쁜 5·6학년을 위한 빠른 영단어

바빠 초등 필수 영단어 트레이닝
쓰면서 끝내기

바빠 초등 영문법 1, 2, 3 5·6학년용
바빠 영어 시제 특강 5·6학년용
바쁜 5·6학년을 위한 빠른 영작문

바쁜 3·4학년을 위한 빠른 영문법 1, 2

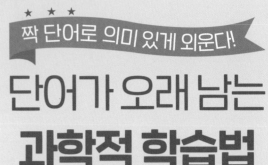

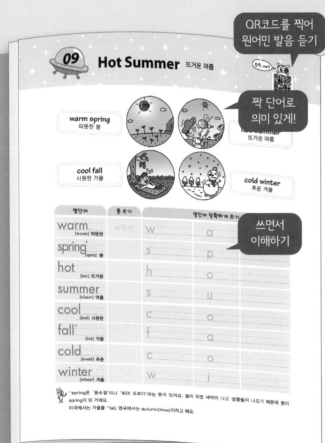
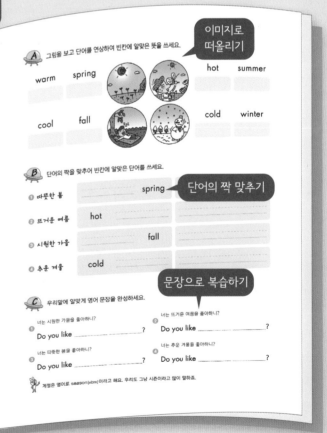